XIETONG CHANPIN CHUANGXIN ZHONG GAINIAN SHEJI GUOCHENG JIANMO JI GUANJIAN JISHU YANJIU

协同产品创新中概念设计过程建模及关键技术研究

马家齐／著

知识产权出版社
全国百佳图书出版单位

图书在版编目（CIP）数据

协同产品创新中概念设计过程建模及关键技术研究 / 马家齐著. —北京：知识产权出版社，2018.1

ISBN 978-7-5130-5296-2

Ⅰ.①协… Ⅱ.①马… Ⅲ.①产品开发－研究 Ⅳ.①F273.2

中国版本图书馆CIP数据核字（2017）第291917号

内容提要

本书在深入研究协同产品创新等相关理论的基础上，针对协同产品创新中概念设计过程建模及关键技术进行了深入研究，主要包括协同产品创新中概念设计的过程模型、目标体系构建、方案评价、方案优化等方面，为协同产品创新的理论体系提供理论支撑与工具支持，进一步提高协同产品创新的效率，带来更加明显的经济效益与社会效益，驱动科技创新，推动社会发展。

本书适合工业设计、产品设计领域的专业人员使用，也可供工业设计等相关专业的本科生、研究生参考。

责任编辑：彭喜英 　　　　　　责任出版：刘译文

协同产品创新中概念设计过程建模及关键技术研究
马家齐　著

出版发行：知识产权出版社 有限责任公司	网　　址：http：// www.ipph.cn
电　　话：010－82004826	http：//www.laichushu.com
社　　址：北京市海淀区气象路50号院	邮　　编：100081
责编电话：010－82000860转8539	责编邮箱：pengxyjane@163.com
发行电话：010－82000860转8101	发行传真：010－82000893
印　　刷：北京科信印刷有限公司	经　　销：各大网上书店、新华书店及相关专业书店
开　　本：720mm×1000mm　1/16	印　　张：11
版　　次：2018年1月第1版	印　　次：2018年1月第1次印刷
字　　数：153千字	定　　价：49.00元

ISBN 978 - 7 - 5130 - 5296 - 2

前　言

在全球范围激烈的市场竞争环境中，产品创新已经成为企业最主要的经济增长方式之一，是企业建立核心竞争力的关键性因素。激烈的市场竞争使得产品创新周期变得越来越短，产品创新速度变得越来越快，同时由于产品创新具有较高的风险性和不确定性，企业面临着前所未有的创新压力与创新风险。协同产品创新作为一种新型的创新模式，能够充分利用创新主体的创新经验与创新知识，有助于提升企业的产品创新能力，因此越来越受到企业界和学术界的关注。在协同产品创新过程中，概念设计是最为活跃、最富于创造性的引导性设计前端，是构建整体性框架式创新设计方案的关键阶段，对其研究具有重要的理论价值和实践指导意义。

有鉴于此，本书在深入研究协同产品创新等相关理论的基础上，针对协同产品创新中概念设计过程建模及关键技术进行了深入研究，主要的研究内容包括以下几个部分。

第一，研究了协同产品创新中概念设计的过程模型。首先，系统分析了产品概念设计的基础理论，包括基本定义与基本过程。其次，深入研究了协同创新主体的基本类型与协同创新组织的基本特征，并进一步分析了协同产品创新中概念设计的基本特征；进而建立了协同产品创新中概念设计的基本框架。在此基础上，构建了协同产品创新中概念设计的过程模型，为后续研究内容奠定了理论基础。

第二，研究了协同产品创新中概念设计的目标体系构建方法。首先，通过系统性研究多创新主体的"推动型"与"拉动型"创新需求，构建了协同产品创新中概念设计目标体系的基本框架；在此基础上，提出了协同产品创新中概念设计目标重要度的三阶定量确定方法，该方法融合了AHP与熵值法相结合的主客观赋权法、多粒度非平衡语义决策方法等，对协同产品创新中概念设计目标重要度进行准确量化。最后通过实例验证该方法的可行性与有效性。

第三，研究了协同产品创新中概念设计的方案评价模型。遵循科学性与系统性相结合、联系性与层次性相适应、目的性与可行性相统一的原则，建立了一套系统性、层次性、合理性的概念设计方案评价指标体系。在此基础上，构建了基于R-A-WNN的协同产品创新中概念设计的方案评价模型。首先，运用粗糙集理论(RST)对评价指标进行预处理，降低了评价指标及其数据的冗余度；其次，基于小波神经网络(WNN)构建了概念设计方案评价的基本网络模型，并利用蚁群算法模型(ACO)对其中的网络参数进行同步优化；最后，通过实例验证了该评价模型的可行性与实用性。

第四，研究了协同产品创新中基于参数驱动的概念设计方案优化方法。首先，结合协同产品创新概念设计的特点，对方案参数优化问题进行了系统描述；其次，构建了基于QFD的协同产品创新中概念设计的方案参数优化模型，该模型充分利用协同创新主体的创新知识和创新经验，解决了创新期望与概念设计方案参数之间的复杂多维映射问题；最后，将该模型应用于实例，确定具有最大满意度的概念设计优化方案，验证了该优化方法及数学模型的有效性与可行性。

第五，研究了协同产品创新中基于智能重组的概念设计方案优化方法。首先，为科学定位分角色创新主体所提创新方案中的创新点，系统研究了产品创新的基本类型，包括基本创新、重要创新、关键创新与简单创新，并提出了其分类方法；其次，为定量化描述不同创新点的创新程度，提出了基于粗糙集理论的创新性评估方法；在此基础上，提出基于智能重组的概念设计方案优化方法，以满足协同创新主体的特定创新需求；最后，通过实例验证了该方法的可行性与有效性。

目　录

第 1 章 绪 论

本章首先分析了研究背景和研究意义，然后分析总结了客户协同产品创新的国内外研究现状及存在的主要问题。在此基础上，明确了研究目的，并介绍了课题来源。最后对研究内容及其章节安排作了简要介绍。

1.1 研究背景及意义

1.1.1 研究背景

在激烈的市场竞争环境中，产品创新已成为企业最主要的经济增长方式之一。激烈的市场竞争环境使产品的更新周期变得越来越短，产品创新速度也变得越来越快。同时，由于产品创新具有很高的风险性和不确定性，企业面临前所未有的创新压力和创新风险。因此，一个企业能否持续不断地进行产品更新，并高质量、低成本地开发出满足客户需求的创新产品，已成为现代化企业能否实现可持续、快速发展的关键影响因素之一。在全球范围内同类产品的激烈竞争环境中，产品创新已经成为企业建立全球竞争力的关键性因素。现阶段的产品创新，是贯穿产品构思、概念设计、详细设计、试制生产、营销服务全过程的，以满足动态多变的市场创新需求为主导方向的系统性工程，是功能创新、结构创新、服务创新等多个维度相融合的复杂的组合性创新。

2011年3月国家颁布了《国民经济和社会发展第十二个五年规划纲要》[1]（以下简称《纲要》），对"创新"给予了高度重视。《纲要》中指出，"坚持自主创新、重点跨越、支撑发展、引领未来的方针，加快建设国家创新体系，着力提高企业创新能力，促进科技成果向现实生产力转化，推动经济发展更多依靠科技创新驱动"。其中，特别强调了"协同环境下的创新"。《纲要》中指出，"通过促进全社会科技资源高效配置和综合集成，加快建立以企业为主体、市场为导向、产学研相结合的技术创新体系，推动建立企业、科研院所和高校共同参与的创新战略联盟"；同时，"围绕增强原始创新、集成创新和引进消化吸收再创新能力，强化基础性、前沿性技术和共性技术研究平台建设，建设和完善国家重大科技基础设施，加强相互配套、开放共享和高效利用"。

为保证客户的差异化与层次化需求得到及时响应，能够为其提供更加优质的创新产品或服务，企业通过不断地寻求产品创新设计方法或模式来提升自身产品的竞争优势，以期获取更大的发展上升空间。近年来，信息技术、网络化设计技术与计算机支持的协同技术（Computer Supported Cooperative Work，CSCW）的快速发展在很大程度上改变了设计者的创新设计手段[2]，虚拟制造（Virtual Manufacturing，VM）、并行工程（Concurrent Engineering，CE）、大规模定制（Mass Customization，MC）以及动态联盟（Virtual Enterprise，VE）等[3-5]新的设计理念与制造方法的出现，使得产品研发逐步向网络化、集成化、智能化的方向快速发展。产品的开发与设计，特别是复杂产品的开发与设计，越来越多地采用多企业协作的方式，使企业利益同享、风险共担。因此，最初由企业独自承担并负责的产品创新设计活动，正逐步转向依靠创新网络平台而协同进行。

在网络化协同产品创新设计技术和产品创新方法共同迅速发展的环境下，产品创新设计领域出现了一种能够充分利用客户的创新经验和创新知识的产品创新设计方法——客户协同产品创新（Customer Collaborative

Product Innovation，CCPI）[6]。该方法突破了常规的产品创新思路，将客户作为产品创新的主要参与者，把客户集成到产品创新的过程中，使客户与专业设计人员共同进行产品创新，以最大限度满足市场需求，降低产品创新风险。

客户协同产品创新的最大优势在于，它不仅强调客户个性化需求的获取，更希望利用客户的创新知识、创新经验和创新技能，通过多个创新主体的深度集成与协同工作，实现客户与专业设计人员在知识、经验和创造技能方面的优势互补，激发群体创造力，从而开发出具有高度创新性和市场主导力的新产品。

1.1.2　研究意义

协同产品创新中的概念设计是根据市场需求，运用设计科学、产品制造以及商业运作的知识对产品功能、结构等进行整体创新规划，形成概念产品的创新过程。概念设计阶段决定了创新产品的结构、性能、成本、交货周期以及产品全生命周期的质量，概念设计的好坏将决定产品成功或者失败的命运。据统计[7]，产品全生命周期成本的90%左右在产品设计段已经被决定，其中70%~80%在概念设计阶段被决策。

协同产品创新中概念设计的实质是从整体上构建出框架性的创新设计方案，它是产品创新的前端，起着引导性和方向性的基础作用。在这一阶段，创新设计方案选择的自由度大，产品创新的空间大。协同产品创新中的概念设计是产品创新过程中最为活跃、最富于创造性的设计阶段，同时也是产品创新过程中最关键的环节之一。因此，对其研究具有重要的理论价值和实践指导意义。

1.1.2.1　完善协同产品创新的理论体系

客户协同产品创新是针对创新设计目标，客户群体、专业设计人员、领域专家等多种类型的创新主体在网络化协同创新环境条件下，将其所拥有的创新设计资源、创新知识、创新经验以及创新技能，利用信息交流平台与协同创新机制，共同完成创新设计项目的复杂活动过程。目前围绕"客户协同产品创新"的研究仍处于初步阶段，特别是对于客户协同产品创新中概念设计等问题还缺乏系统性研究。通过深入研究协同产品创新中概念设计领域的相关理论及方法，可以进一步完善协同产品创新的基础理论体系。

1.1.2.2 提高协同产品创新的效率

通过科学系统的协同产品创新概念设计，可以全面把握并准确理解市场的差异化创新需求，并利用协同创新主体的创新经验和创新知识，将创新主体对创新产品的感性认识与理性认知提升到新的高度。在此基础上结合企业的发展战略，有针对性地对创新产品的功能结构等进行整体性规划，可以有效缩短产品开发时间，提高产品创新效率，使其能够更好地应对市场的不确定性。

1.1.2.3 规避协同产品创新的风险

分角色创新主体具有独立性特征，其所提供的数据信息涵盖了多领域、多层次的创新知识和创新经验。利用协同创新平台，将大量的创新知识和创新经验进行组织融合，使得创新主体可以借助多方面的知识信息对实际问题进行科学判断，可以有效规避可能存在或潜在的创新风险，突破单一创新主体在创新能力等方面的局限性，并能使多创新主体共同分担研发中的风险。

1.1.2.4 增强企业的核心竞争优势

通过客户协同产品创新中概念设计的系统性研究，可有效促进不同的创新主体的创新优势互补和创新资源的利用最大化，为企业产品研发中创新目标的构建、创新方案的设计、评价及优化等创新活动提供有力的理论依据和决策支持，能够在产品创新的方向上予以正确引导，并推动知识的低成本流通与反复使用，有利于资源最大化，降低创新成本，从而可以有力提升企业的核心创新能力及竞争优势。

1.2 国内外研究现状

1.2.1 协同产品创新的研究现状

面对市场竞争日益激烈及技术环境日益复杂，企业必须持续创新以构建其核心竞争优势。企业的产品创新设计活动正逐步由独自完成转向集成外部组织和资源的产品创新网络协同进行。传统的大规模纵向集成的产品开发模式正逐渐被客户、供应商和制造企业组成的协同联合体开发模式取代[8]。由于技术革新的飞速发展，最有潜力的用户可能未及时获得真实体验，从而无法将需要解决的问题和准确的信息数据提供给市场研究人员。

美国麻省理工学院的 Eric von Hippel 教授在 1986 年首次将"领先用户"（Lead User）作为产品创新的重要来源之一[9]，并从创新条件和创新动机两个方面给出了领先用户的基本特征：①领先用户处于重要市场前端，他们当前所提出的需要将会是以后许多用户提出的共性需求；②领先用户可以从创新解决方案中获得相对较高的利益，为其主动参与创新提供动力。

以用户为中心的创新过程与传统模式形成了鲜明的对此。传统模式下，制造企业以封闭的方式开发产品和服务，通过申请专利、版权保护以及其他保护手段来阻止其他竞争者免费享用他们的创新投资，用户唯一的功能是产生需求，随后制造企业通过识别需求，设计、制造新产品来满足这种需求。传统创新模式中存在的主要问题是，用户需求难以准确掌握，其原因在于充分了解用户需求的前提条件是需要投入大量的人力资源和资金，同时用户需求信息及数据在传递过程中，往往容易产生偏差和缺失。

因此，以用户为中心的创新过程越来越有优势。Stefan Thomke 和 Eric von Hippel 于 2002 年正式提出了"客户创新"（Customer Innovation）的概念[10]，客户创新主要是客户对其所使用的产品或工艺的创新，包括为自己的使用目的而提出的新设想和实施首创的工具、材料、设备、工艺等，以及对制造商提供的产品或工艺的改进以辅助制造企业创新设计[11]。超过50%的创新发生在制造商与客户之间的结合部分，客户协同产品创新可以有效地为企业的价值网络增值[12]。同时，实证研究表明，越来越多的客户已经开始参与到产品的创新活动中，见表1.1。

表1.1 客户参与创新的调研数据

Table 1.1 The research data of customer collaborative innovation

创新产品	时间	客户群体	客户参与比例	数据来源
山地车装备	2002年	291个同地区的山地车手	19.2%	文献[13]
极限运动设备	2003年	197个专业运动俱乐部的选手	37.8%	文献[14]
外科手术设备	2003年	261个德国临床外科医生	22%	文献[15]
阿帕奇 OS 软件	2003年	131个技术精良的阿帕奇用户	19.1%	文献[16]
户外消费品	2004年	153个户外消费品客户	9.8%	文献[17]
Vaillant供热设备	2009年	80个不同国家的大客户	15%	文献[18]

在客户创新的过程中，客户的需求被设计人员作为创意的来源加以考虑，并可进行一定程度的产品部件选择或参数化定制，但是考虑到客户的创新能力在设计过程中并没有加以专门的引导和强化。杨育教授于2008年对客户协同理论进行了提升和完善，在国内首次提出了客户协同创新（Customer Collaborative Innovation，CCI）的创新模式，该模式能够充分利

用客户与专业设计人员在知识结构和创新技能方面的不对称性，借助各种
网络化协同工作环境、创新设计工具和知识融合手段，通过客户和专业设
计人员之间的协同工作，将二者的创新优势进行互补并激发群体创造力，
从而开发出具有高度创新性和市场主导力的新产品，以期能够更大限度地
发挥客户潜力[19]。这种新的创新方式将客户知识和创造力作为最宝贵的创
新资源，通过与客户的交流与交互，获取普通客户、创意客户和领先客户
等各类客户的经验、知识与信息，同时利用各种网络化协同工作环境、创
新设计工具和知识融合手段实现客户与专业设计人员共同进行产品创新。
与以满足客户个性化需求为目标的客户定制设计不同的是，客户协同产品
创新不仅强调客户个性化需求的获取，更强调利用客户与专业设计人员在
知识经验和创造技能方面的不对称性，通过客户的深度集成和团队的协同
工作激发群体创造力。

目前国内外学者在客户协同创新设计领域进行了大量研究，研究重点
与研究成果主要集中于以下四个方面。

1.2.1.1 协同创新理论与框架方面

Carliss 等[20]研究了将用户创意转化为成熟产品的协同创新模式。第一
步，创新主体通过讨论一个或多个创新设计的可能性并开始创新；第二
步，少量制造企业采用"高可变成本-低资本"的生产方式进行试生产并
推向市场；第三步，当市场稳定时，逐渐进入"高资本-低可变成本"的
大规模制造模式。

Baldwin 等[21]通过对不同的产品创新方式的预期收益和成本进行比较分
析，其中，预期收益是指将创新构想转变为有用的产品、过程或服务后所
获得的利益，成本包括设计成本、协作成本、生产成本、交易成本。研究
得出，在许多经济领域，由制造企业独立创新的模式将逐步被由单个用户
或多个用户协同的创新模式所取代，可以取得让市场高度满意的创新方

案，并能够增加社会财富。

Eric von Hippel 等[22]研究比较了3M公司5个由领先用户（LU）产生创意与42个非LU方法产生创意的投资项目，结果显示，通过领先用户的创意新颖度较为显著，能解决与众不同、全新的顾客需求，具有更高的市场份额及开发完整的产品系列的潜力，并具有更重要的战略重要性。

Fleming 等[23]研究分析了在协同创新的组织中，由于创新主体的角色地位不同及知识经验不同，创新主体会将原先无关的或弱关联性的共享创新知识元素加以利用或组合，从而获得更具价值和创新性的解决方案。

Reichwald 等[24]建立了一个网络化客户参与产品创新的概念框架，并将该框架运用于运动鞋的创新过程中。

Lilien 等[25]研究了利用领先用户理念协同创新过程的绩效评估体系，指出协同创新的优越性，在很大程度上源于传统创新的需求收集往往局限于随机客户或者典型的客户群体，而协同创新的信息收集来自于目标市场消费前端的用户需求和解决方案，也包括其他市场面临相类似问题的客户群体。

Gloor 等[26]建立了协同创新的网络模型（Collaborative Innovation Networks，COINS），并对该网络的动态性能进行了研究。

杨育等[19]基于客户与专业设计人员在知识结构和创新技能方面的不对称性，给出了客户协同创新的定义、内涵及概念框架，并对客户协同创新产品创新模式中的工作原理、工作模型及工作平台进行了系统地研究。

罗乐等[27]建立了基于复杂适应系统理论面向协同产品开发的设计主体模型，研究了设计主体的层次结构，建立了完整的设计主体行为协议，并用谓词逻辑进行了严格的语义定义。将所建立的设计主体模型用于构建产品开发团队多主体仿真系统，给出了仿真系统的程序结构和运算流程。

江畅等[28]研究分析了客户参与创新动机，针对现有客户知识显性化方法中忽视客户主观动机的缺陷，利用Kano模型的实证分析揭示了客户参与创新的动机。

宋李俊等[29]研究分析了影响客户参与产品创新设计的因素，构造了以制造企业设计人员为枢纽的 5 层组织结构模型。在此基础上，探讨了客户集成创新模式的运行机理，阐述了个人、团队、组织、组织间 4 个层次的组织学习机制，基于知识创新、吸纳的多组织间螺旋式知识传播机制以及基于技术激励的激励机制。

张雪等[30]研究分析了客户协同创新协议达成的合作博弈，构建了静态与动态微分合作博弈模型，通过比较，证明了动态微分合作博弈模型可以保证参与各方的收益和成本在短时间内获得支付和补偿，比静态合作博弈模型更加有效。

杨育等[31]从环境、人因、技术、组织、过程多个角度提出了面向客户协同创新实现的风险管理模型，并在此基础上分析归纳出相关影响因素集作为风险管理与评价的依据。考虑面向客户协同创新风险因素集的 Pareto 效应，结合风险管理模型及要素集，提出了客户协同创新风险评价理论及其方法。

王小磊[32]研究了协同产品创新过程中的冲突问题，在系统研究国内外客户协同创新、过程协调以及协同设计冲突消解最新理论成果的基础上，从协同主体、协同设计优化和协同资源的视角，对网络环境下客户协同产品创新中的几类重要冲突的协调与消解技术进行了深入研究。

1.2.1.2 协同创新主体与组织方面

Morrison 等[33]研究了澳大利亚图书馆使用图书馆信息系统的创新和非创新用户的特征。他们发现，样本中领先用户特征的分布是一个单峰的连续体，并发现领先用户的两个特征与实际的用户创新开发高度相关。

Hallmark 公司[34]面向贺卡设计组建了"Hallmark 知识创新主体"，主要由领先客户所构成，通过在线论坛，协同创新主体提供创新知识、分享创新经验，有助于公司协同设计出市场满意度最大化的新产品。

Donna 等[35]分析了普通客户群体转化为协同创新主体的机理及实现产品概念协同创新的作用条件与方法。

Morrison 等[36]进一步深入研究了领先用户的两个定义性特征与他们开发全新或改良产品的可能性之间存在高度相关，创新者表现出领先用户特征的程度越高，领先用户创新产品的商业吸引力越大。

Dahan 等[37]建立了网络环境下的"虚拟客户"模型，并对虚拟客户在产品创新中的作用进行了定性分析。虚拟客户利用网络平台向知识库输入相关经验和特定需求，而企业可以通过数据挖掘获取改进服务、革新产品、及时响应客户需求的创新信息。

Kozinets 等[38]面向网络社区开发的具体问题，从参与强度和参与深度两个角度研究了其用户类型，包括游客、混合者、贡献者和内部成员。其中，"游客"和"混合者"在网上社区中只浏览网站，缺乏参与深度；"贡献者"参与次数不多，但是参与网上讨论的程度深；"内部成员"则经常浏览网站，并且深入参与到网上社区中。

Michael Gibbert 等[39]提出企业应该注重培养客户的创新意识，运用创意展示、头脑风暴法等建立企业的创意支持系统，与客户共同创造新的产品和程序，并从新创意中获得有利于客户和企业双方的最大回报。

Chan 等[40]对客户参与产品创新进行了综述研究，提出了五种客户群体协同创新的组织模式，分别为虚拟客户组织、测试客户组织、创意客户组织、开发客户组织、协同创新客户组织，并指出在协同创新的不同阶段可采用不同的组织模式。

Wellman 等[41]将"创新组织"定义为一个由相互联系的创新主体组成的有目的的联结，这些主体通过面对面沟通、网络技术或其他沟通方式等信息转换机制而发生相互联系，创新组织能够为创新主体提供交往、支持、信息、归属感及社会认同感。

王莉等[42]研究了客户参与协同创新的动机，分别从需求层次理论、社会交换理论、沉浸理论的角度对其进行理论分析。研究得出，客户参与协同创新的动机主要包括产品需求、社群交往、网络沉浸三个方面。

杨洁等[43]为了在协同产品创新中有效地识别和评价创新客户，在分析面向客户学习效应评价过程的基础上，建立了包括学习效应在内的、由五个方面构成的协同创新客户综合评价指标体系，并提出了运用基于预处理的小波神经网络模型，对协同创新客户进行评价。

杨育等[44]在分析协同产品创新设计过程中客户、多领域设计人员等多角色主体间众多冲突原因的基础上，提出了运用二元语义分析来集结各主体多粒度评价语言信息的方法，并以满意度最高为优化目标建立了多创新主体冲突协调模型。针对该模型，提出了改进的自适应粒子群算法进行优化求解。

1.2.1.3 协同创新知识管理与集成方面

Lüthje 等[45]对体育用品行业的领先客户经验对客户参与产品创新的影响进行了分析，同时提出了领先客户的属性模型用于评价客户知识对客户创新的影响。

Nuvolari[46]研究了协同创新过程中的知识共享问题，通过分析用于矿井抽水的蒸汽机的创新活动，提出了协同创新知识无偿公开的共享模式。

Harhoff 等[47]研究了协同创新过程中所涉及的知识产权问题，研究得出，协同创新主体通过自愿放弃信息的所有知识产权的方式，使得所有创新主体都可以平等地获得创新知识，从而使得创新知识大范围扩散，实现创新知识利用最大化。

Henkel[48]研究了创新知识在有竞争关系的制造商之间的共享问题。通过研究硬件厂商对内置Linux软件进行修订和扩展，表明所有协同创新主体都可从对基本内置Linux共享源码进行再次创新的无偿共享中获利。

Gilbert[49]等将产品创新中的客户知识运用分为客户主动参与创造（Prosumerism）、基于团队合作的相互学习（Team-based Colearning）、合作研发（Mutual Innovation）、专家实践社区（Communities of Creation）以及共享智力资产与所属感（Joint Intellectual Property/Ownership）5种类型。

宋李俊等[50]提出了协同产品创新中的客户知识集成模式；定义了协同产品创新中的客户知识及客户知识库，并对基于协调理论的知识共享、协同产品创新中的客户知识引擎、基于客户知识集成的创新度评估等集成方法进行了研究；最后，通过摩托车车架创新设计的实现，验证了协同产品创新过程中客户知识集成模式的有效性。

杨洁等[51]针对产品协同设计环境下设计人员获取知识效率低的问题，构建了产品协同设计知识推送体系，分析了知识推送的流程，并提出了基于粗糙集的产品协同设计知识推送方法。

王小磊等[52]运用粗糙集理论对产品创新设计过程的客户知识进行约简，提出了对创新设计重要的客户知识的识别方法。同时提出了基于AHP和Shapley的客户知识贡献度度量模型，有效地对协同创新主体的共享知识重要度进行量化分析。

1.2.1.4　协同创新平台与方法方面

Nikolaus Franke等[53]在分析客户需求和市场异质性的基础上，提出了用户创新工具箱的解决方案，使用创新工具箱，创新用户可以自己进行产品创新与完善，制定出适用于自己的、有效的满意解决方案。

Griffith[54]构建了一个全球风筝冲浪运动用户协同创新的网站，参与者可以利用这个平台，公布风筝设计款式以及关于风筝制造和使用的知识和设计工具，其中包括专业的气动力建模软件和快速原型设计软件等。

Westwood Studios[55]专门为协同创新客户设计了一套能在视频游戏中开

发重要元素的工具箱。该工具箱的主要功能是并置执行所需信息黏滞的产品开发和服务开发任务，将涉及开发特定类型的产品和服务的需求密集型任务分配给用户，并提供完成这些任务所需的信息，同时将问题解决密集型的任务分配给制造商。

Olson 和 Bakke[56]研究分析了挪威领先的 IT 系统集成商 Cinet 公司的协同创新平台，该平台主要针对公司的两大主要产品领域——台式个人计算机和 Symfoni 应用组件进行创新，通过该平台所获取的创新知识和创新经验，可以有效地应用于新一代产品的创新开发。

张磊等[57]构建了网络拓扑结构客户协同产品创新平台，该平台通过 Java 多线程同步和加锁机制的归并请求求解算法对协同创新主体的归并请求进行有效处理，具有良好的扩展性。

邹灵浩等[58]提出了基于多层次模糊计算模型的创新产品成熟度预测方法，并通过分析集成产品创新团队、硬件设施和时间等影响产品设计成熟度的因素，提取出构成成熟度因素集的创新产品特征。

杨育等[59]提出了基于发明问题解决理论的客户协同产品创新设计方法，该方法包括客户知识的描述及转换方法、客户知识的语义模型、基于客户知识和最短路径对新产品方案的创新识别与评估方法，该方法可以有效利用客户创新知识和创新资源进行产品协同创新。

唐文献等[60]提出了创新知识驱动协同创新的产品创新方法，并构建了产品协同创新开发系统模型，该模型基于创成和吸纳集成理论，可以有效提升产品创新效率。

崔剑等[61]构建了多创新主体参与的客户创新主动获取模型（MUPIA），以支持集成的创新客户参与和创新客户信息获取，并构建了多创新主体协同交互框架，以实现协同过程中的多主体高效率协同。

综合上述，从国内外研究情况来看，目前有关客户协同产品创新的研究主要在协同创新理论与框架、协同创新主体与组织、协同创新知识管理与集成、协同创新平台与方法等方面有一定程度的体现，但对客户协同产品创新中概念设计等问题还缺乏系统性研究。概念设计是整个创新过程中的关键阶段，是明确创新方向、搭建创新框架、奠定创新基础的重要环节。因此，对其进行系统深入地研究具有重要的理论价值与实践指导意义。

1.2.2　协同创新中概念设计的研究现状

概念设计是以产品总体设计目标为导向，通过框架式的轮廓表达出与之相对应的功能或结构以及他们在空间维度或时间维度的相互联系与作用机理，占据着产品设计中的核心位置。

通过对 *Web of Science*、*Engineering Index*、中国科技期刊全文数据库等国内外重要文献数据库的详细检索，目前已公开文献中尚未对"协同产品创新的概念设计"进行明确定义与系统性阐述，同时，围绕"协同产品创新中概念设计过程"这一研究内容，并没有形成一个较为系统与完善的理论体系，仅对其中的部分内容进行了初步的研究和探索。目前，相关的研究重点与研究成果主要集中在两个方面，分别是"产品创新的概念设计方案生成"和"产品创新的概念设计方案评价"，其研究现状如下。

1.2.2.1　产品创新的概念设计方案生成方面

Guillermo 等[62]研究了 TRIZ 理论在化学工程产品概念设计创新中的过程框架，提出了基于 TRIZ 的产品创新方法。该方法内容包括产品描述及转换方法、功能映射和问题求解方法。

Madara Ogot[63]研究了基于公理设计和 TRIZ 理论结合的概念设计方法，应用公理设计理论形成设计的概念初始方案，分析所得设计方案中可能存在的物理冲突或技术冲突的冲突类型，进一步对不同的冲突采用相应的冲突解决原理来解决。

Brina 等[64]将利用实例推理技术进行产品创新的概念设计，并构建了连接器概念设计方案生成系统，该系统利用实例推理技术对数据库进行自动搜索并产生新的概念设计方案。

华中生等[65]提出了一种基于 TOC 与 TRIZ 的产品概念设计方法，该方法采用约束理论发现产品创新设计中的关键问题，并运用矛盾解决图对其进行分析，进而采用创造性解决问题的理论来生成创新解决方案。

林志航等[66]构建了机械产品方案设计的两级实例推理过程模型，再运用 CBR 技术开发了概念设计方案生成系统，根据用户需求信息生成有效的概念空间模型。

袁峰等[67]提出了一种将创新设计理论与功能分析方法相结合的功能原理求解过程模型。该模型通过总功能抽象、总功能原理解的确定以及功能分解等过程实现了机械产品功能原理的创新。

王清等[68]提出一种基于案例决策的产品概念设计方法。该方法沿用案例推理方法中用经验解决新问题的思路提出了具有用户反馈机制的循环设计流程，利用索引规则和 k-means 聚类算法对案例库分类，将用户评价转化为每类案例的效用，选择最优聚类中的设计方案，并通过循环迭代逐步完善，直至达到设计要求和目标。

俞国燕等[69]提出了一种人机智能的交互型协同产品创新的概念设计方法。通过交互可视化技术，实现了设计师对设计变量、约束条件、创新策略的动态调整，从而生成产品创新的概念设计方案。

刘晓敏等[98]提出了一种融合发明问题冲突解、类比设计、约束理论理论等不同设计理论的产品创新概念设计集成方法，通过约束设计理论与发明问题解决理论方法相结合以确定并解决创新产品的内部冲突，再利用类比设计将获得的结果作用于创新构思的产生，进而通过确定相关领域内的矛盾与冲突，最终得到创新产品的概念设计方案。

李宗斌等[99]提出了基于多色集合理论的机械产品创新的概念设计方

法，通过构建多色集合的离散系统模型，获得若干可行的产品概念设计方案，并利用搜索算法从可行产品方案中选择最优的产品概念设计方案。

陈旭玲等[72]提出了一种基于功能驱动的概念设计创新方法。通过分析功能粒度的映射，建立了系统的功率键合图模型，并采用功能模型图对功能进行分解，再通过技术进化路线寻找可能的解决方案，从而生成再创新后的概念设计方案，提高了概念设计的动态性能和控制性能。

曹东兴[73]提出了基于通口本体的概念设计生成方法，该理论通过采用通口本体语义表达了一般产品的功能概念，在原型功能基础上产生出新的原理方案，并建立了三视图模型反映出由元件概念到结构的映射过程。

龚京忠等[74]提出了一种基于功能—行为—结构的产品概念模块设计方法。为描述概念产品概念结构求解与功能分解的迭代关系，将黑箱法和功能描述方法相结合，建立了产品功能概念结构模型。在此基础上，建立了产品概念要素功能、行为、概念结构、接口的相关关系分析方法，进而采用模糊聚类算法进行产品概念要素聚合，以实现产品概念模块的划分。

李长江等[75]提出了基于效应模式库的概念设计方法，通过采用"效应表面—效应模式—效应模式库"的分解重构模式，实现了"功能—效应—效应表面—结构"的映射模型，并进一步研究了效应链和结构链的同步重构。

1.2.2.2　产品创新的概念设计方案评价

Thurstno等[102]通过对模糊集合理论和多属性效用分析，指出概念设计中的不可量化指标，可采用模糊集合理论进行分析，可量化指标则可采用多属性效用进行分析。

YEO等[77]分析比较了产品概念设计阶段不确定信息处理和决策常用的一些多属性决策方法，并用夹具系统评价决策的实例将层次分析法与其他方法进行了对比，指出层次分析法尤其适合可分解的方案评价和决策问题。

Kvakama 等[78]探索了基于价值工程的机械产品的概念评价方法，但由于概念设计阶段得到的只是产品的初步设计方案，不确定因素很多，方案的成本很难量化，使得价值工程法在机械产品概念设计方案评价中应用的困难较大。

SUN 等[79]提出了基于神经网络的模糊推理的概念设计方案评价模型，通过确定顾客需求重要性，然后利用前馈神经网络和模糊推理对方案进行评价与决策，从而确定出最优的概念设计方案。

French 等[80]通过工程科学、产品加工方法和市场营销等方面知识的相互融合，提出了面向产品全生命周期的概念设计方案评价及筛选模型。

Withanage[81]从顾客显性价值的角度对概念设计方案进行决策。通过研究企业历史销售数据，运用扩展显性价值分析法来评价产品概念在未来市场的顾客显性价值，并据此评价和选择概念设计方案，但该方法在资源约束方面的考虑不足。

Kusiak[82]将产品生命周期性能作为概念设计的备选方案的评估标准。衡量设计的备选方案的数量通常根据其满足所有设计要求的需要而生成，而并行工程的发展可以将其产品生命周期性能作为方案的评估标准。

Vnageas 等[83]提出了基于 NFWA 和群组模糊层次分析法的概念设计方案评价方法，并在此基础上构建基于 NFWA 和模糊折中决策的多级概念设计方案的评价与决策的数学模型。

李宗斌等[84]综合应用层次分析法、模糊规则和神经网络对满足需求的加工中心概念设计方案进行评估和优化选择，得出满足需求的最佳方案。

张建军等[85]通过研究产品概念空间的形式化描述，基于公理设计理论中信息公理与产品物料清单的特征构成建立了概念空间的表达方法，进而提出了基于公理设计的概念设计方案评价方法。该方法优化了产品概念空间的表达，完善了公理设计理论中信息公理在方案决策中的不足，提高了产品概念设计的评价效率。

古莹奎等[86]提出了一种基于模糊多准则决策的概念设计方案评价方法，通过对产品竞争力的影响因素进行分析，建立了概念设计方案评价的层次结构，进一步基于三角模糊数建立了概念设计方案评价的决策数学模型。该方法减少了决策主体主观偏好以及不确定因素对结果的干扰，有效降低了产品创新过程的风险性。

徐泽水等[87]在直觉模糊算术平均算子和加权算术平均算子的基础上，提出了直觉模糊有序加权平均算子和直觉模糊混合集结算子，并基于上述两种算子建立了直觉模糊多属性群决策，在一定程度上处理信息的模糊性和主观不确定性。

王娟丽[88]提出了基于IFS的概念设计方案优选算法。该算法通过将原始评价信息转化直觉模糊评价信息，并利用产品质量水平、设计成本和设计时间等属性构成评价指标，从而实现了概念设计备选方案的综合评价和优先排序。

薛丽华[89]采用线性物理规划决策模型，在给定各设计目标满意程度区间的基础上，利用线性物理规划评价模型对综合目标函数中的权值和各方案的评价值进行计算，对评价指标可以量化时的概念设计方案进行评价和决策。

1.2.3　国内外研究现状总结

综上所述，尽管不少学者已在客户协同创新领域做了一定的研究工作，也已取得了一些研究成果，但专门针对客户协同产品创新中概念设计的内容还尚未进行系统性研究。

客户协同产品创新这一领域涉及认知工程、协同工程、制造工程、系统工程等多学科的理论与知识，与其相关的研究工作仅处于起步阶段。因此，需要综合多学科的知识，不断探索新的方法、理论等来完善这一理论体系。围绕"协同产品创新中的概念设计"，其研究工作还存在以下几个方面的问题。

① 目前，有关客户协同产品创新主要在协同创新理论与框架、协同创新主体与组织、协同创新知识管理与集成、协同创新平台与方法等方面进行了一定的基础理论及工具方法研究，但对客户协同产品创新中概念设计等问题并没有形成一个较为系统与完善的理论体系。同时，围绕"协同产品创新中概念设计过程"还缺乏系统性研究，主要是在产品创新的概念设计方案生成与评价等方面仅进行了初步的研究和探索。

② 区别于一般的产品设计过程，客户协同创新设计是由具有多知识背景、多创新动机的分角色创新主体共同参与，由多种创新需求共同驱动的产品创新设计方法。由于不同创新主体在创新理念与创新需求等方面存在局限性，导致其各自的创新目标存在较大的差异性与模糊性。同时，不同创新主体在创新知识与语言表征等方面的不一致性，也增加了协同创新目标的复杂性，需要解决协同产品创新中概念设计目标体系的科学构建及其重要度准确量化的问题。

③ 概念设计方案评价本身就是一项困难而又复杂的工作，本质是一个多目标、多层次、不确定的复杂系统的评价和决策问题。在协同产品创新的环境中，面对一项具体的创新目标，不同的创新主体会提出不同的创新解决方案，而方案的决策结果将会直接影响到后续的详细设计阶段。因此，对产品创新概念设计方案进行科学评价是协同创新设计中的关键环节之一，概念设计方案评价是概念设计过程的重要步骤，它对后续设计阶段的产品开发起着决定性的作用，决定着概念设计方案能否最终被接受，因此需要对此问题进行深入研究。

④ 由于不同创新主体在知识经验和创造技能等方面的不对称性，使

其创造力具有一定的局限性和模糊性，从而增加了协同创新设计过程的复杂程度。为有效指导协同创新主体下一阶段的详细设计，对于一个可行的概念设计方案，如何从产品关键参数的角度对其进行进一步优化等问题需要进行系统性研究，以实现概念设计方案中特征参数的映射与配置过程，发挥创新主体的价值和深层次创造力，从而有效提升协同创新设计效率。

⑤ 由于参与协同产品创新的创新主体是具有多知识背景、多创新动机的，使得其对创新产品的市场定位并不完全相同，其创新需求具有显著的差异性，如何从功能创新元素的角度对其进一步优化等问题需要进行系统性研究，以满足不同协同创新主体的特定创新需求。

1.3　研究目的及课题来源

协同创新中的概念设计是一个发散思维和创新设计的过程，是一个依据顾客需要、求解实现功能的、满足各种技术特性和经济指标的、可能存在的各种方案并最终确定综合最优方案的过程。概念设计是产品设计过程中的起点，也是产品创新思维形成的关键阶段，它已成为产品开发创新的核心环节，也是提高产品质量、降低成本和增强企业竞争力的主要手段。

本书试图针对协同产品创新中概念设计过程及关键技术进行研究，以期在以下几个方面有所突破。

① 在深入研究协同产品创新等相关理论的基础上，对协同产品创新中概念设计的基本内涵进行研究，并进一步构建协同产品创新中概念设计的过程模型。

② 针对协同产品创新中概念设计目标体系难以构建的问题，构建协

同产品创新中概念设计目标体系的基本框架，并提出其目标重要度的确定方法。

③ 针对协同产品创新中概念设计方案难以进行科学有效决策的问题，提出协同产品创新中概念设计方案的评价指标与评价方法。

④ 为有效指导协同创新主体的下一阶段详细设计工作，提出协同产品创新中基于参数驱动的概念设计方案优化方法。

⑤ 为满足协同创新主体的不同创新需求，提出协同产品创新中基于智能重组的概念设计方案优化方法。

由于新产品开发具有明显的高投入和高风险特征，因此，本书将对协同创新产品创新中概念设计的相关理论及方法进行系统性研究，以有效避免创新主体在采用客户协同创新模式时的盲目或犹豫不决，提升协同产品创新效率，从而进一步推动客户协同产品创新的进一步发展与应用。

1.4　各章内容

本书围绕协同产品创新中概念设计过程及其关键技术等内容进行研究，各章的内容阐述如下。

① 第 1 章是绪论部分。首先分析了研究背景和研究意义，然后分析总结了客户协同产品创新的国内外研究现状及存在的主要问题。在此基础上，明确了研究目的，并介绍了课题来源。最后对研究内容及其章节安排作了简要介绍。

② 第 2 章是协同产品创新中概念设计的过程模型研究。首先系统论述了产品概念设计的基础理论，其次深入研究了协同创新主体的基本类型与协同创新组织的基本特征，并进一步分析了协同产品创新中概念设

计的基本特征，进而建立了协同产品创新中概念设计的基本框架。在此基础上，构建了协同产品创新中概念设计的过程模型，为后续研究内容奠定了基础。

③ 第3章是协同产品创新中概念设计的目标体系构建研究。首先，通过研究多创新主体的创新需求，构建了协同产品创新中概念设计目标体系的基本框架，保证了创新目标的整体性与系统性。其次，提出了协同产品创新中概念设计目标重要度确定的三阶定量分析方法。最后通过实例验证了该方法的可行性与有效性。

④ 第4章是协同产品创新中概念设计方案的评价研究。首先，建立了一套系统性、层次性、合理性的客户协同产品创新概念设计方案的评价指标体系，并运用粗糙集理论（RST）对评价指标进行预处理，降低了评价指标及其数据的冗余度；其次，借助小波神经网络（WNN）构建了协同产品创新概念设计方案评价的基本网络模型，并利用蚁群算法模型（ACO）对其中的关键参数进行了同步优化。最后，通过实例验证了该方法的可行性与有效性。

⑤ 第5章是协同产品创新中基于参数驱动的概念设计方案优化研究。首先，结合协同产品创新概念设计的特点，对方案参数优化问题进行了系统描述；其次，构建了基于QFD的协同产品创新中概念设计的方案参数优化模型，该模型充分利用协同创新主体的创新知识和创新经验，解决了创新期望与概念设计方案参数之间的复杂多维映射问题。最后，将该模型应用于实例，确定出具有最大满意度的概念设计优化方案，验证了该优化方法及数学模型的有效性与可行性。

⑥ 第6章是协同产品创新中基于智能重组的概念设计方案优化研究。首先，为科学定位分角色创新主体所提创新方案中的创新点，系统研究了产品创新的基本类型，包括基本创新、重要创新、关键创新与简单创新，

并提出了其分类方法；其次，为定量化描述不同创新点的创新程度，提出了基于粗糙集理论的创新性评估方法；在此基础上，提出了基于智能重组的概念设计方案优化方法，以满足协同创新主体的特定创新需求；最后，通过实例验证了该方法的可行性与有效性。

⑦ 第7章是总结与展望。本章总结本书的主要研究工作及创新点，并对后续研究的可行方向提出了建议。

本书的内容结构如图1.1所示。

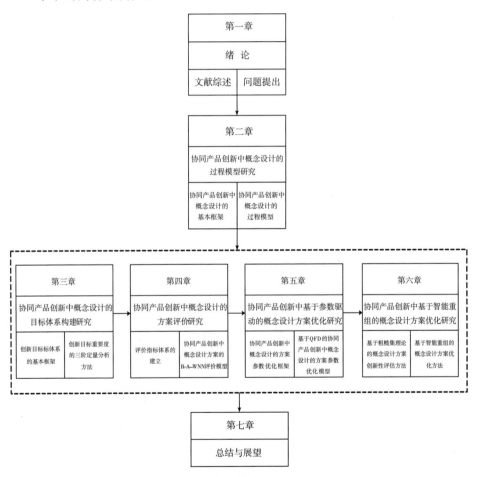

图 1.1　研究内容与结构

Fig.1.1　Research focuses and structure

1.5　本章小结

　　本章对研究背景和研究问题的提出进行了介绍，随后对国内外协同产品创新、协同产品创新中概念设计等方面的研究进行了综述，最后对本书的主要研究内容和章节安排进行了阐述。

第2章 协同产品创新中概念设计的过程模型研究

协同产品创新中的概念设计是由分角色创新主体共同参与的创新设计活动的规划前端。本章拟研究协同创新主体的基本类型与协同创新组织的基本特性，在此基础上，进一步研究协同产品创新中概念设计的基本特征，进而建立协同产品创新中概念设计的基本框架。最后，构建协同产品创新中概念设计的过程模型。

2.1 产品概念设计的基础理论

2.1.1 产品概念设计的基本定义

概念设计最早由 Paul 和 Beitz 于 1984 年在其著作《工程设计》（*Engineering Design*）中提出，并将概念设计定义为[90]：在确定任务之后，通过抽象化、拟定功能结构、寻求适当的作用原理及其组合等，确定出基本求解途径，得出求解方案，这一部分设计工作叫概念设计。

国内外有很多学者对概念设计的定义也做了多角度多方面的专门性阐述。

French 将其定义为[91]：概念设计首先是弄清设计要求和条件，然后生成框架式的广泛意义上的解，在此阶段中，对设计师的要求较高，但却可以广泛提高产品的性能。它需要将工程科学、产品加工方法和商业运作等各个方面知识相互融合在一起，以做出一个产品全生命周期内最重要的决策。这里"框架式的解"是指设计问题的一个轮廓。每个主要的功能都可以与之相对应，通过原理部件间的空间或者结构上的关系，使他们有机地结合起来。

Hsu W 等[92]指出，概念设计开始于对产品的目标说明，接着产生所有的可能实现这些目标的结构方案，最后采取评价流程从这些方案中选择最佳的，用于后续的详细设计阶段。

邹慧君等[93]指出，产品设计过程是由综合过程、选择过程和分析过程组成，其中综合过程是实现产品创新的关键步骤，主要包括功能结构综合、原理综合、构型综合以及尺度综合四部分，原理综合和构型综合统称为概念设计。

谢友柏等[94]指出，因为求解的性能是市场上现有产品所不具备的，要找到完全满意的解几乎是不可能的，于是需要对不能由已知知识解决的部分结构寻求新的解，从而开始了创新的过程，这个过程包括摄像采用过去没有用过的新原理、新技术、新材料、新工艺，这些解决矛盾的映射称之为概念，设计的这个阶段称之为概念设计。

檀润华[95]认为产品概念设计是产生功能、创造行为和满足功能需求的一种重要设计过程。概念设计过程模型是真实设计过程的一种抽象，能解决真实设计过程中产生的各种问题。产品创新主要是发现未知的、潜在的用户需求，发现、确定并解决产品设计冲突，使潜在的用户需求得到满足。

综上所述，产品概念设计可以认为是由分析用户需要到生成概念产品的一系列有序的、可组织的并有目标的设计活动[96]，表现为一个从模糊到清楚、从抽象到具体，是一个由粗到精的循序渐进的转换与进化过程。

2.1.2 产品概念设计的基本过程

产品概念设计过程是产品设计过程中最重要、最活跃，同时也是最富有创造性的复杂设计阶段，对产品的质量、性能、成本等诸多要素起着决定性的作用。通常情况下，产品的概念设计是由设计人员在已有经验和知识的基础上，根据客户需求，按照既定的设计流程和组织方式，进行创造性的思维活动，创造出满足客户需要的产品概念方案。

产品概念设计过程之所以是最具有创造性的过程，主要原因在于：一方面是由于该过程的不确定因素多，可能出现的突变或者异变等偶发性事件的概率较大，设计人员的约束限制条件相对较少；另一方面是由于对设计知识的要求相对较低，方案选择的自由度大，创新空间大。设计自由度与设计知识的关系如图2.1所示。

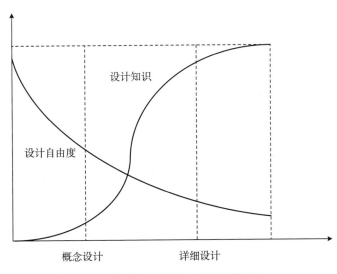

图2.1 设计自由度与设计知识之间的关系

Fig.2.1 The relationship between design freedom and design knowledge

因此，产品概念设计的流程始于客户需求的识别，终于产品概念方案的生成，是一个由功能向结构转化的过程。一般包括需求识别、功能分解、原理组合、方案形成及方案评价五阶段，如图2.2所示。

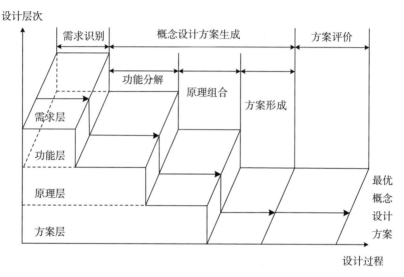

图2.2 产品概念设计基本过程

Fig.2.2 Basic process of the product conceptual design

如图2.2所示，在产品概念设计中，需求识别旨在把客户对产品的需求信息抽象化、结构化，并将其传递给相应的专业设计人员，以此作为产品概念设计的来源。在此基础之上，探寻符合客户需求的产品设计概念集，即概念生成。为尽可能地满足用户需求，对产品设计概念的创新性及系统性等提出了更高的要求，因此，需要对初步产生的产品设计概念集进行优劣评价与筛选。在此过程中，专业设计人员需要根据不同产品具备的特征选定相应的评价体系及评价方法，以期高效准确地完成产品设计概念的评价与选择工作。在方案初步确定后，为保证其可行性还需对其进行相关验证，如成本预算、技术可行性分析等，并在此基础上确定最终的产品概念方案。在整个过程中，概念生成环节的优劣直接影响后续工作的质量，而概念的评价与选择又是进一步提升产品设计概念质量的关键环节。因此，如何完成需求识别、概念方案的生成、评价与选择等阶段，是决定产品概念设计质量的决定性因素。

2.2　协同产品创新中概念设计基本内涵

2.2.1　协同创新主体的基本类型

协同产品创新中的概念设计是由客户、供应商、制造商和科研院校等组成的具有多知识背景、多创新动机的多创新主体参与的创新过程。在客户协同产品创新设计过程中，分角色创新主体主要包括以下三种基本类型：以客户群体为主的创新主体、以专家团队为主的创新主体以及以设计团队为主的创新主体，如图 2.3 所示。分角色创新主体在创新设计过程中所承担责任的侧重点不同，彼此之间既相互支持，又相互补充。协同创新主体主要包括以下三种基本类型：

2.2.1.1　以客户群体为主的创新主体

客户是指与企业具有或可能具有交换关系的组织或个人，可以从创新产品和创新服务的使用中获取创新价值或者创新体验。与此同时，企业则希望通过创新产品和创新服务获得利润。

需要说明的是，这里的"客户"是一个广义的概念，因为在不同的行业习惯上会有不同的称呼，例如：在消费品行业称为消费者；在工业品行业称为客户；在运输业称为乘客；在服务业称为顾客。或者在一些学术文献中使用"用户"一词，为了方便研究，本书将上述称呼视为等同的概念，统一将其称呼为"客户"。根据其参与协同创新活动的重要度和贡献度不同，将客户分为普通客户、创意客户及领先客户三种基本类型。

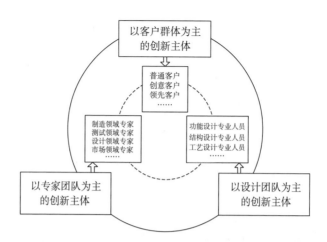

图2.3　分角色创新主体的基本构成

Fig.2.3　Basic components of innovation bodies

（1）普通客户

此类型的客户是指仅购买或使用企业创新产品或创新服务的组织或个人，通常此类客户只了解即将出现或已经出现的创新产品或者服务，因兴趣偏好或者自身需求而选择购买，并未在创新过程和创新决定的过程中起到关键作用，但其认可度和满意度的调查数据对协同创新活动具有一定的参考价值。

（2）创意客户

此类型的客户是指仅购买或使用企业创新产品或创新服务的组织或个人，比普通客户更加关注即将出现或已经出现的创新产品或者服务业，通常此类客户拥有某领域的专业知识和专业技术，出于自身需要和兴趣爱好，可能会对可用的产品或服务进行自行修订，或者为企业提供一些新颖的创意和解决方案。

（3）领先客户

此类型的客户是指掌握着特殊的创新需求或创新经验的一类客户，Eric von Hipple 在 2005 年出版的 *Democratizing Innovation* 一书中[97]，从创新条件和创新动机两个方面给出了领先客户的基本特征：①领先客户处于重要市场前端，他们当前所提出的需要将会是以后许多客户提出的共性需求；②领先客户可以从创新解决方案中获得相对较高的利益，为其主动参与创新提供了动力。领先客户拥有强大的表达能力、协同能力和沟通能力，所提出的创新产品或创新服务的需求在当前的市场上还没有出现，通过进行科学分析，可以正确地把握创新市场的需求方向。

由此可见，领先客户在协同新产品开发过程中有着关键作用。因为领先客户具备特有的发散思维和认知模式以及使用体验和环境，可以令领先用户提出的创新解决方案具有新颖性和实用性，从而弥补制造企业在创新方面的局限性。同时，与领先客户协同创新，可以获得经过处理的大量需求信息及创新知识，提取出经过领先用户完善的创新产品或创新服务的原型及概念，推动并加速创新产品的概念设计过程。

2.2.1.2　以专家团队为主的创新主体

专家团队主要是由制造领域、测试领域、设计领域及市场领域的专家所组成。各领域专家是协同创新中的重要因素，协同创新设计是一个不断产生、开发、评价、共享的过程，而这个过程很大程度上依赖于各领域专家的主动性和创造性，只有充分发挥各领域专家的潜能和积极性，才能实现产品创新概念设计的科学性、完整性和鲁棒性，主要表现在以下3个方面。

（1）提升创新高度

由于专家在本领域内具有高度的专业化水平，处于金字塔的顶端，并长期关注所在领域的科学技术的发展，能够准确把握领域内整体技术能力和创新能力，系统性的创新思维和科学创新方法，可以看得到产品的未来，站在战略的高度去引导产品创新设计。

（2）集成创新智慧

不同的创新个体拥有不同领域的分散性创新智慧，将其进行有效整合与协同，能够有效降低认知领域单一视角的片面性和局限性，有利于减少创新的不确定性，可以形成交叉性、集成性、复合性、协同性的智慧集，从而使得产品创新的概念设计更加具有创新性与科学性。

（3）互补创新知识

将拥有不同创新知识和创新经验的各领域专家集结起来是产生创新性方案的必要条件，通过异质专家的协作创新，使得专家知识、专家经验实现集成和共享。一方面，不同知识背景的专家聚集在一起，通过共同协商及评价，可以科学评价创新工具和创新方案的可能性；另一方面，由于缺乏对问题的全面认识，各领域专家不得不求同存异，以新的方式进行思考以寻求新的解决方案，因而不同知识背景的专家创新主体共同工作可以避免解决问题的定式思维。

2.2.1.3 以设计团队为主的创新主体

以设计团队为主的创新主体主要由负责功能设计、结构设计、工艺设计等的专业设计人员所组成。由于国家近年来一直都在鼓励企业进行自主创新，同时企业为了构建核心竞争优势，一直都很注重产品或服务的创新，很多企业已经形成了具有自身特色的创新基础，并积累了一定的创新资源和创新能力。在研究领域内的领先性专业知识基础上，结合协同创新目标，专业设计人员通过进行知识转移与知识扩散，以形成较为成熟的创新技术，并将其按照某种方式重新组合或利用，从而可以创造出更加满足市场需求和发展趋势的创新解决方案。

2.2.2 协同创新组织的基本特性

在协同产品创新的概念设计过程中，不同领域、不同阶层、不同类型的创新主体共同构成了一种新型的协同创新组织，通过组织内部与外部环境之间、组织内部的创新主体之间的相互联系、相互影响、相互作用，使其能够很好地适应复杂多变的创新环境。协同创新组织的基本特性包括以下几个方面。

①创新组织的开放性。从系统的观念出发，创新组织在进行创新行为时，需要不断地从外界引入物质流、能量流以及信息流，通过内部学习、相互模仿、吸收利用、积累扩散，进而输出创新产品的概念设计方案，并在创新的过程中，与外界一直保持着动态交互以及持续交换，因此，创新组织是一个开放的复杂系统。

②创新组织的非平衡性。创新组织在创新过程中，与外部环境密切联系，并非处于孤立的和静止的状态，整个系统呈现动态变化的特点。同时，由于系统内部创新主体的创新地位和创新层次不同，因此其各自所具有的创新知识和创新资源并不完全一致，不属于均衡匹配，因此，创新组织是一个开放的复杂系统，是一种远离平衡的系统，具有非平衡性。

③创新组织的非线性。创新组织作为一个系统，内部各个元素之间存在的相互作用，通过创新主体的组织知识螺旋创新、交流与共享，这种复杂作用经过创新组织的运作将会表现为一种"1＋1＞2"的协同增益，呈现出典型的非线性作用机制。

④创新组织的涨落性。产品创新在本质上解决矛盾问题的过程，具有很高的风险性和不确定性，而协同创新活动同样会受到来自外部环境和内部组织之间各种因素的影响，因此在客观上必然会出现涨落的现象。正是在这种变化的过程中，创新组织在远离平衡的开放系统，随机涨落破坏原来的结构，形成新的有序结构，进一步推动组织的不断向前发展。

2.2.3　协同产品创新中概念设计基本特征

协同产品创新中的概念设计是由创新主体协同进行的创新设计的规划前端，通过创新设计理念和创新技术手段，以形成解决具体创新问题的解决思路。与传统的产品概念设计相比，协同产品创新中的概念设计是由客户、供应商、制造商和科研院校等组成的具有多知识背景、多创新动机的多创新主体参与的创新过程，主要区别包括下几个方面。

① 目标方面。传统的产品概念设计是产生功能、创造行为和满足功能需求的一种设计过程，其设计目标主要以客户需求为主；协同创新环境中，创新目标是在充分掌握客户已知需求的基础上，能够发现未知的、潜在的客户需求。同时，由于不同的创新主体自身的创新角色和创新地位不同，具有自治性和独立性的特点，其出发点及侧重点并非完全相似。因此，协同产品创新中概念设计目标的构成元素更加多元化，影响因素更加复杂化。

② 主体方面。创新主体在认知程度和理解程度具有差异性，同时其创新的技术水平及设施配置并不处于同一水平；创新主体对市场创新需求的判断能力及把握能力有所不同，同时其语言表征并不完全一致，容易在信息传递及创新交流的过程中产生偏差及失真，从而使得创新评价具有模糊性及差异性。

③ 过程方面。利用协同创新可以实现创新知识、创新经验及创新平台等方面的资源共享最大化，然而创新环境中各个组织元素、资源元素在不同过程阶段，彼此间可能发生相互联系与相互作用，在一定程度上增加了协同创新过程的复杂性和多变性。

由于在上述几个方面尚缺乏系统性研究，目前传统概念设计所采用的理论方法与技术手段并不能完全适用于解决协同产品创新的概念设计的各种问题，无法为其提供有力的理论支撑与工具支持。

在协同产品创新的概念设计过程中，通过创新知识、创新经验以及创新平台的共享最大化，充分发挥创新组织与创新资源的协同效用，从而形成具有高度创新性和市场主导力的层次性的创新解决方案，以实现不同层次的创新目标。因此，协同产品创新的概念设计所具有的基本特征可以归纳为以下五个基本类型，分别为协同性、创新性、复杂性、层次性及共享性，如图2.4所示。

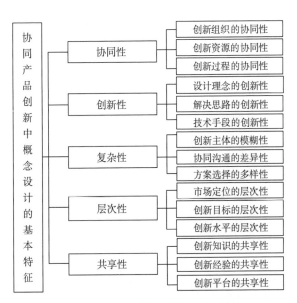

图2.4　协同产品创新的概念设计基本特征

Fig.2.4　The basic characteristics of the conceptual design oriented to

collaborative product innovation

2.2.3.1　协同性

创新环境中各个组织元素、资源元素在创新过程的不同阶段彼此间发生相互联系与相互作用，即通过协同而表现出系统的、有序的整体效应，主要包括组织协同、资源协同、过程协同等。

2.2.3.2　创新性

创新性是整个概念设计过程的精髓所在，包括设计理念创新、解决思路创新及技术手段创新。

① 设计理念创新，是指协同创新主体在创意构思过程中所确立的主导思想与创新策略，直接影响到解决方案的创新高度与创新角度，并将贯穿于整个协同创新的过程中。

② 解决思路创新，为了实现创新目标，在系统考虑具体的创新任务及其相关对象的前提下，提出兼具创新价值和商业价值的合理有效的解决思路。

③ 技术手段创新，是指根据创新的程度的不同，采用新技术原理、新设计构思，研制全新技术或者对现有产品在结构、材质、工艺等方面有重大改进，能够显著提高产品性能或扩大使用功能的技术创新。

2.2.3.3　复杂性

客户协同创新设计是由具有多知识背景、多创新动机的分角色创新主体共同参与，由多种创新需求共同驱动，因此，协同创新中的概念设计的复杂性主要来自以下三个方面：一是由于不同创新主体在创新理念与创新需求等方面存在局限性，创新主体具有的模糊性；二是不同创新主体在创新知识与语言表征等方面的不一致性，协同沟通存在较大的差异性；三是实现同一创新目标，可能会有多个解决方案以供选择，方案选择呈现出多样性。

2.2.3.4　层次性

在协同创新环境中，由于不同的创新主体自身的创新角色和创新地位不同，并具有自治性和独立性，其出发点及侧重点并非完全相似，正是由于此，其创新目标和市场定位具有明显的不一致性，认知程度和理解程度具有差异性，同时技术水平和设施配置并不处于同一水平，具有显著的层次性特征。

2.2.3.5　共享性

主要表现在创新知识、创新经验及创新平台等方面的资源共享最大化。创新平台是协同创新活动的最基本支持系统，所有参与创新的主体将会利用平台提供或获取大量的创新知识和创新经验，推动知识的低成本流通及反复使用，有利于社会资源最大化。需要特别强调的是，往往从其他领域所获得的知识信息更具有解决实际问题的创新潜力或突破局限的能力。

2.3　协同产品创新中概念设计过程模型构建

2.3.1　概念设计的基本框架

通过对协同创新主体的基本特征、基本特性的系统性分析，以及对协同产品创新中概念设计基本特征的研究，可知协同产品创新中的概念设计是具有多知识背景、多创新动机的分角色创新主体参与的创新过程，同时也是构建整体性框架式创新设计方案的关键阶段。

协同创新组织利用集成网络化与信息化的协同创新平台，在协同创新组织内共享创新思维、创新理论以及创新方法等基本科学原理，作为协同产品创新概念设计的重要支撑，并根据创新问题的具体特征，将基本支撑原理与自身的创新经验及创新知识相融合，整合组织为多领域、多类型的创新工具、创新知识、创新技术，以及与之相适应的行为规则与组织机制。在此基础上，通过一系列有组织、有序的创新活动，形成了具有高度创新性和市场主导力的有序的框架式创新解决方案。协同产品创新中概念设计作为协同系统，主要包括基础层、应用层、机制层、行为层、目标层五个层次，具体内容如下。

① 目标层。协同产品创新是将分角色创新主体的"拉动型"创新需求与"推动型"创新需求系统集成，构建出科学合理的概念设计创新目标体系。其中"推动型"创新需求是为客户提供未知的领先创新服务和创新体验，属于显性需求；"拉动型"需求直接反映了市场对产品创新的多样化及差异化期望，属于隐性需求。

在产品创新过程中充分发挥协同创新主体的创新知识与创新智慧的价值，需要在综合考虑创新动机与创新需求的基础上，明确创新任务本身的目标，并将其作为协同产品创新中概念设计的驱动力。

② 行为层。行为层主要将协同产品创新中的概念设计分为三大阶段：第一，通过分解创新目标，对不同的创新设计问题进行界定，可以确定出创新问题的初始条件、目标任务、构成要素及约束条件；第二，通过融合多创新主体的创新思维，形成最初的创新策略，进一步有针对性地组织信息与知识，并对设计问题进行创新设计，从而生成产品创新的概念设计方案；第三，根据约束条件及评价标准对概念设计方案进行评价，对选出的方案进行进一步的系统性优化，未选的方案可通过反馈进行再次修订。

③ 机制层。协同产品创新中的机制是以一定的运作方式将系统各部分联系起来，协调彼此之间的运行关系。在知识方面，包括知识传播机制、知识转换机制以及知识库扩充机制等；在组织方面，包括团队组建机制、组织协调机制以及群体决策机制等；此外，还包括资源匹配机制、技术选择机制及组织激励机制等。

④ 应用层。主要包括环境子域、技术子域、知识子域与组织子域。其中，环境子域包括资源条件状态、产品信息状态、组织行为状态、协同工作状态等；技术子域包括创新设计平台、创新设计工具、创新集成方案、创新集成技术等；知识子域包括组织知识，即组织共享的知识以

及技能经验，个体知识，即个体拥有的个性化、特质化的知识以及技能经验；组织子域包括参与协同产品创新的客户群体、专家团队以及设计团队等。

⑤ 基础层。基础层是产品创新概念设计的支撑层，为其提供创新思维、创新理论以及创新方法等内容。创新思维包括联想思维、逆向思维、辐射思维、类比思维、形象思维等一系列的思维；创新理论包括理性选择理论、模糊理论、系统理论、归因理论、动因理论等基础理论；创新方法包括可拓学、公理设计法、通用设计法、推理法、QFD、TRIZ 等主要创新方法。

基于此，可构建出协同产品创新中概念设计的基本框架，如图 2.5 所示。

2.3.2　概念设计的技术路线

基于"协同创新"及其相关领域的基础理论等研究成果，结合协同产品创新中的概念设计的基本特点及框架结构，可以将协同产品创新中的概念设计具体描述为：协同产品创新中的概念设计是由分角色创新主体共同参与的创新设计活动的规划前端。通过集成网络化与信息化的协同创新平台，借助多协同创新主体的复杂创新理念而共同形成的具有高度和广度的理性创新思维，可将模糊性创新动机与差异性创新需求提炼整合为科学系统的协同创新目标，并融合多角色、多层次的创新知识与多领域、多类型的创新工具，从而形成具有高度创新性和市场主导力的有序的框架式创新解决方案，以引导下一阶段的详细设计工作。

由此可知，协同产品创新中概念设计过程需要解决以下 4 个主要的问题。

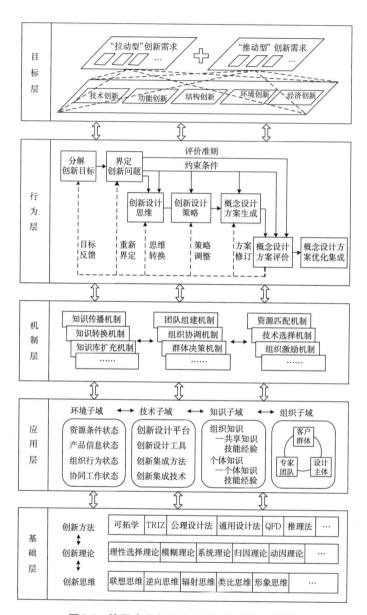

图2.5　协同产品创新中概念设计的基本框架

Fig.2.5　The basic framework of conceptual design oriented to collaborative product

innovation

① 问题一："确定需要解决什么创新问题（Q——Questions）"。在客户协同产品创新设计过程中，由于分角色创新主体对创新任务本身有着不同的创新理解和认识，因而有着不同的创新需求，包括反映市场对产品创新的多样化及差异化期望的"拉动型"需求，以及企业期望为市场提供领先创新服务和体验的"推动型"创新需求，二者将共同构成创新目标。因此，需要从整体上构建出协同产品创新中概念设计的目标体系。

② 问题二："明确有哪些解决方案（S——Solutions）"。通过对创新体系的分析，可以确定出需要解决的多个创新问题。对于其中的任意一个创新问题，需要从不同的方向、不同的角度去探索解决问题的办法或答案，这就要求创新主体能够选择合适的方法对所建立的创新问题进行求解，即寻找满足一定创新需求和约束条件的可行解的过程，从而生成创造性、突破性的设计方案。

③ 问题三："如何选择最优的解决方案（O—— Optimal Solution）"。协同产品创新的概念设计是一个复杂、不确定、创造性的设计过程，而概念设计方案评价是概念设计过程中的关键环节。在第二阶段针对同一个创新目标，常常会有不同的创新解决方案，即会产生多个创新设计思路，第三阶段就是将上述若干备选方案进行评价和比较，从而选择出最优的概念设计方案。

因此，它对后续详细设计阶段的产品研发起着决定性的作用，是决定概念设计方案能否最终被接受的关键环节。评价中需要同时考虑多个评价指标，方案评价过程要集中体现各个评价指标的作用及相互之间的影响，且指标之间往往具有一定的层次结构，需要构建系统的概念方案评价指标体系。评价信息通常具有很大程度的不完备性和不确定性，许多性能指标往往不具有严格的标准或清晰的边界，因此，需要一套科学合理的评价方法，以决策出最优的解决方案。

④ 问题四："如何对方案进行进一步的优化（F—— Future Optimization）"。由第三阶段所决策出的概念设计方案，是由协同创新主体共同确定其可行性的，但是创新主体并不能确定这些解决办法可以达到最优的状

态。主要原因在于以下两方面。

其一，创新主体对创新任务本身有着不同的理解和要求，其各自的创新基础和创新条件参差不齐，知识经验和创造技能上并不对称。在这种情况下，就需要利用协同创新平台，融合分角色创新主体的创新知识，确定出最优产品创新概念设计方案的关键参数，给予协同创新主体在后续的详细设计阶段以有效指导与科学规范。

其二，由于制造企业的目标市场并不完全相同，不同的客户群体的对于创新的需求呈现层次化的分布特征。作为制造企业来讲，最终要采用的创新设计概念设计方案，需要根据自身的市场定位和消费群体在创新方面的特定需求而进行进一步的优化。

因此，在协同产品创新的环境中，不能简单地将所有的创新解决方案直接提供给制造企业，而需要科学分析创新产品的具体特征和不同的创新需求，并最终形成最优的产品创新概念设计方案。

因此，可得出协同产品创新中概念设计的技术路线，如图2.6所示。

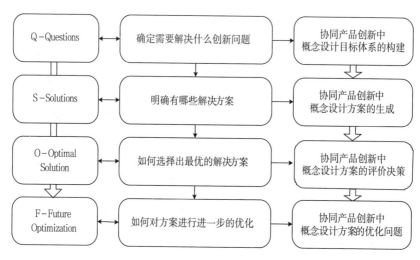

图2.6　协同产品创新中概念设计的技术路线

Fig.2.6　The basic idea of conceptual design oriented to collaborative product innovation

2.3.3　过程建模的基本原则

①系统性原则。由协同产品创新中概念设计的基本框架可知，协同产品创新中概念设计过程是一个系统性的过程，系统中各个要素之间相互联系、相互作用、相互依赖，具有特定的组织结构和功能作用，是处在协同创新的整体环境下的有机整体。因此，在协同产品创新中概念设计的目标体系构建、方案生成、方案评价决策、方案参数确定，以及方案层次化集成的过程中，必须要遵循系统性原则，结合对现实条件的客观认知，以及对创新问题的理性思考，从系统的角度去寻找创新问题的解决思路和解决方案。

②独立性原则。相对独立原则是指创新主体之间的相对独立性。协同创新的最大特点在于充分利用了不同创新主体在创新能力、创新经验、创新知识以及创新驱动在组织协调下所表现出的异质性特质。因此，每一个创新主体的个体行为或者个体表达都将作为创新系统的输入。创新主体之间的相对独立，可以保证创新输入的客观性与真实性，实现创新结果的整体性与有效性，从而有效提高创新绩效。

③协同性原则。在协同产品创新中概念设计的各个阶段，创新主体的创新行为只有在遵循协同性的前提下，才能够充分利用不同创新主体的创新知识、创新经验及创新构思，并保证各个阶段的创新活动的有序性与创新成果的有效性，以及协同创新效率的不断提升。

2.3.4　过程模型构建

协同产品创新中的概念设计作为关键的规划前端，其过程模型是真实设计过程的一种抽象。通过建立逻辑化、系统化、协同化的设计过程，可以有效指导协同创新主体解决真实设计过程中产生的各种问题。协同产品创新的概念设计过程是通过集成网络化与信息化的协同创新平台，各个阶段相互联系、相互协调、相互影响，从而形成具有高度创新性和市场主导力的有序的概念设计方案以引导后续的详细设计阶段。

首先，协同角色创新主体通过资料数据搜集、调查问卷、交流访谈等多种途径及方式，进行市场整体环境调研、市场创新需求分析、核心竞争优势研究等前期准备工作，了解并掌握协同产品创新的内外部环境及相关影响因素。

其次，在客户协同产品创新设计过程中，由于协同创新主体对创新活动有着不同的创新理解和认识，因而有着不同的创新需求，包括反映市场对产品创新的多样化及差异化期望的"拉动型"需求，以及企业期望为市场提供领先创新服务和体验的"推动型"创新需求，二者将共同构成创新目标。因此，需要对上述不同的创新进行研究，构建具有整体性与系统性的协同产品创新的概念设计目标体系，确定出协同产品创新的整体方向以及需要解决的具体创新问题。

再次，集成多种创新知识、创新方法及创新工具，形成创新思维，制定创新策略，进而生成协同产品创新的概念设计方案。下一步，由于协同产品创新的概念设计是一个复杂、不确定、创造性的设计过程，对于同一个创新目标，常常会生成不同的创新解决思路，即会产生多个产品创新的概念设计方案，因此，需要对若干备选方案进行评价和比较，利用有效的评价指标与评价方法，对备选的产品创新概念设计方案进行评价，从中选择出可行方案。通过创新主体共同对上述概念设计方案进行创新性评价，最终形成满足不同创新主体的创新需求与创新定位的协同产品创新的概念设计方案。

最后，为使概念设计能够满足不同创新主体的创新需求，需要对其进行进一步的优化，可根据协同创新活动的具体属性特质与实际情况，从不同的维度对其进行优化，包括面向产品整体、面向产品功能、面向产品结构、面向产品制造等，从而使得概念设计方案具有更强的针对性与合理性，更能有效指导下一阶段的详细设计活动。

基于此，可构建协同产品创新中概念设计的过程模型，如图2.7所示。

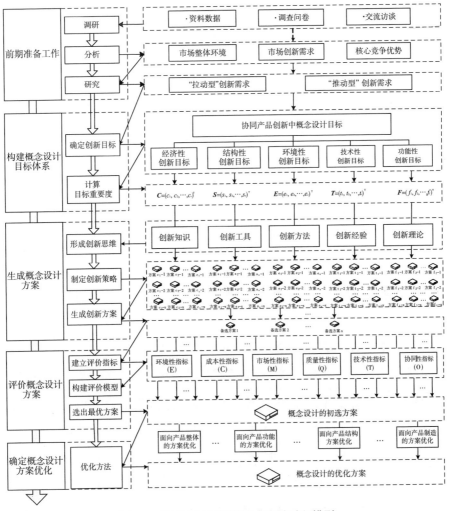

图2.7　协同产品创新的概念设计过程模型

Fig.2.7　Process model of the conceptual design oriented to collaborative product innovation

2.3.4.1　第一阶段为协同产品创新中概念设计目标体系的构建

第一阶段的主要任务是"确定需要解决什么创新问题（Q——Questions）"。

客户协同产品创新是由多创新主体的"推动型"创新需求与"拉动型"创新需求共同驱动的设计过程。由于创新需求存在差异性与不确定性，从而导致难以构建科学合理的概念设计创新目标体系。

首先，通过研究多创新主体的创新需求，构建了协同创新概念设计目标体系的基本框架，保证了创新目标的整体性与系统性。

其次，提出了协同创新概念设计目标重要度的三阶定量分析方法。

① 采用AHP与熵值法的综合主客观赋权方法，确定出第一层创新目标的重要度。采用基于AHP的主观赋权，能够有效处理难以完全定量分析的复杂决策问题，充分利用协同创新主体的创新经验以判断不同目标的重要程度，使得判断结果不会违背基本的创新规则与创新常识；采用基于熵值法的客观赋权，可以通过决策矩阵信息，利用熵的概念客观反映出同一系统中各项目标的差异程度，从而计算出创新目标重要度，依靠数学理论依据而避免判断结果的主观随意性；进一步将上述两种方法所计算出的重要度数值进行几何平均，从而确定出第一层创新目标的重要度，以保证协同创新主体在创新方向上达成一致。

② 确定同一维度中的多个创新子目标的排序问题，即计算出第二层创新目标的重要度。由于创新产品本身的不确定性与复杂性，以及协同创新主体在认知上的模糊性，难以用精确数值对创新子目标进行直接评判，因此采用语言决策理论，避免决策信息失真；同时，由于分角色创新主体受限于创新知识、创新经验以及产品本身的复杂程度等主客观因素的差异性，其所提供的语言变量呈现非平衡态，即其中可能包含确定型语言变量或不确定型语言变量，且不同创新主体的语言决策信息的语义粒度并非完

全一致。因此，第二层创新目标重要度采用基于多粒度非平衡性的语言决策理论进行计算，以确保多创新主体复杂语言决策信息的一致性与准确性。

③ 在此基础上，由于创新产品是否成功最终需要通过市场来进行检验，市场竞争性将会是最重要的影响因素之一，因此，需要进行市场竞争性预测，进一步对创新目标重要度进行修订，使得创新目标重要度更具针对性与合理性。

2.3.4.2　第二阶段为协同产品创新中概念设计方案的生成。

第二阶段的主要任务是"明确有哪些解决方法（S——Solutions）"。

产品创新可以认为是针对市场新的需求和产品的问题、不足，不断用新的产品功能、结构和工艺去替代老产品的过程；协同产品创新的概念设计方案生成是从创新目标到产品概念设计可行方案的形成过程，是产品创新中最能体现创新主体的创造力的环节，即利用现有的科学原理、公理结合具体实际条件，寻找技术、经济可行的方案构想。目前产品创新的概念设计方案生成方法主要包括3种。

（1）TRIZ 理论

20世纪中叶，苏联学者 Genrich Shuller 及其同事通过分析研究大约250万件技术领域的发明专利，在综合多学科领域原理、法则的基础上，提出了解决创造性问题的理论——TRIZ，而 Shuller 也因为 TRIZ 理论的提出和发展做出了卓越的贡献，被人们称为 TRIZ 之父[98]。如图 2.8 所示，TRIZ 理论的本质在于，对具体问题先进行一定程度的抽象，进而给出抽象问题的解决途径，再用这些途径指导具体问题的解决[99]。

TRIZ 理论提出用39个通用工程参数，将冲突描述通用化和标准化，利用该方法把实际工程设计中的冲突转化为一般的或标准的技术冲突。同时，Shuller 提出了40条发明原理。运用冲突解决矩阵时，首先针对具体问题确定技术冲突，然后采用标准的两个工程参数对该技术冲突进行描述，通过标准工程参数序号在冲突矩阵中确定可采用的发明原理，最后将发明原理产生的一般解转化为具体问题的特殊解[100]。如果具体问题为物理冲突，可采用TRIZ中的分离原理进行分析，而四类分离原理与40条发明原理有相应的映射关系，即可通过40条发明原理解决创新设计中产生的技术及物理冲突[101]。

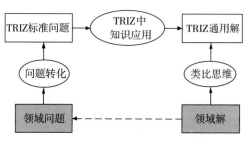

图2.8 基于TRIZ理论的求解过程

Fig. 2.8 The process of field problem solving based on TRIZ theory

（2）实例推理理论

实例推理（Case-Basde Reasnonig，CBR）是人工智能发展过程中出现的一种推理模式，起源于人类认知的心理学理论，由SCHAN于1982年首次提出[103]。其基本原理为：人们在解决问题的过程中，常常依赖先前的相似经验，但是在很多情况下，经验中并没有可以解决新问题答案，而是需要根据特定问题的具体目标，通过修改类似问题的解决方案以适应新的问题，或者通过综合已成功的多种方法来得到最优的解决方案[104]。

CBR有两种基本类型：解释型CBR和问题求解型CBR。解释型CBR是应用旧范例构建一种分析和证明，以对新范例做出某种解释；问题求解型CBR则是通过调整旧范例的解答以满足新问题的要求[105]。

"实例"主要是指问题所产生的特定环境及其解决方案。经过多年的发展，CBR 理论已成为产品创新概念设计中的关键支持技术之一。实例推理理论的主要优点在于，当面对同样的问题时，CBR 系统并不是对初始条件和规则集进行推理，而是采用一个解决方案，在采用这个方案的过程中就体现了求解问题的推理机制[106]。

（3）可拓学理论

可拓学理论最早于 1983 年蔡文在《科学探索学报》上发表的文章"可拓集合和不相容问题"中提出[107]，以基元理论、可拓集合理论和可拓逻辑为基础，其中，基元理论用物元、事元与关系元描述被研究对象，可拓集合理论是矛盾问题转化的定量表达手段，可拓逻辑则是辩证逻辑和形式逻辑的科学集成[108-109]。可拓学理论是专门研究解决矛盾问题的规律和方法，用形式化语言描述相互关系，研究化解矛盾问题的形式化方法，把哲学上用自然语言表示的规律与逻辑，转化为用计算机可操作、可处理的方法体系[110]。该理论将需要解决问题的过程形式化，通过物元之间的相互转化以解决冲突问题，从而得出创新设计方案[111]。

以上三种创新设计理论仅为创新产品的概念设计中常用的理论，随着计算机辅助设计的广泛应用，越来越多的学者研究重点逐步转向如何根据产品创新的概念设计具体过程，综合运用多种技术方法进行概念设计方案的求解，以实现概念设计方案生成的智能化与科学化。

2.3.4.3　第三阶段为协同产品创新中概念设计方案的评价决策

第三阶段的主要任务是"选择出最优的解决方案（O——Optimal Solution）"。

在客户协同创新过程中，面对具体的创新目标，不同的创新主体会提出不同创新解决方案，而方案的决策结果将会直接影响到后续的详细设计阶段。因此，对创新设计方案进行科学评价是协同创新设计中的关键环节之一，为科学有效地选择创新设计方案，提出了基于 R-A-WNN 的协同产品创新中概念设计方案的评价方法。首先，建立了一套系统性、层次性、合理性的客户协同创新方案评价指标体系，并运用粗糙集理论（RST）对评价指标进行预处理，降低了评价指标及其数据的冗余度；其次，借助小波神经网络（WNN）构建了协同创新设计方案评价的基本网络模型，并利用蚁群算法模型（ACO）对其中的关键参数进行了同步优化。

该模型为充分利用协同创新组织的创新经验，从案例知识库中选取了相似的创新案例，将可参照方案的评价数据与综合评价数据进行约简，并将其作为样本数据输入小波网络模型中，在学习的过程中用连续性蚁群算法对小波网络的关键参数进行寻优，即对小波网络进行训练，使其掌握各种评价指标对创新方案综合评价的影响程度及动态变化关系。利用训练好的网络模型，将创新方案的评价数据作为输入量，则可以输出创新方案的最终综合评价值。

2.3.4.4 第四阶段为协同产品创新中概念设计方案的优化

第四阶段主要任务是"如何进行进一步的优化（F-Future Optimization）"。

根据协同创新活动的具体特征，可从不同的维度进行方案优化，本书面向协同产品创新概念设计，分别提出了基于参数驱动与智能重组的方案优化方法：①为有效指导协同创新主体的下一阶段详细设计工作，提出协同产品创新中基于参数驱动的概念设计方案优化方法。首先，结合协同产品创新概念设计的特点，对方案参数优化问题进行了系统描述；其次，构建了基于QFD的协同产品创新中概念设计的方案参数优化模型，该模型充分利用协同创新主体的创新知识和创新经验，解决了创新期望与概念设计方案参数之间的复杂多维映射问题；②为科学定位分角色创新主体所提创新方案中的创新点，系统研究了产品创新的基本类型，包括基本创新、重要创新、关键创新与简单创新，并提出了其分类方法；其次，为定量化描述不同创新点的创新程度，提出了基于粗糙集理论的创新性评估方法；在此基础上，提出基于智能重组的概念设计方案优化方法，以满足协同创新主体的特定创新需求。最后，通过实例验证了该方法的可行性与有效性。

2.4　本章小结

本章系统分析了产品概念设计的基础理论，包括基本定义与基本过程。其次，深入研究了协同创新主体的基本类型，包括以客户群体为主、以专家团队为主、以设计团队为主的分角色创新主体等；并研究了协同创新组织的开放性、平衡性、非线性、涨落性等基本特征；进一步分析了协同产品创新中概念设计的基本特征，包括创新性、协同性、复杂性、共享性、层次性等，进而建立了协同产品创新中概念设计的基本框架，该框架主要包括基础层、应用层、机制层、行为层、目标层五个层次。在此基础上，构建了协同产品创新中概念设计的过程模型，该模型包括主要包括四个阶段：第一阶段为协同产品创新中概念设计目标体系的构建；第二阶段为协同产品创新中概念设计方案的生成；第三阶段为协同产品创新中概念设计方案的评价决策；第四阶段为协同产品创新中概念设计方案的优化。该过程通过集成网络化与信息化的协同创新平台，各个阶段相互联系、相互协调、相互影响，从而形成具有高度创新性和市场主导力的有序的概念设计方案，以引导后续的详细设计阶段。

第3章 协同产品创新中概念设计的
目标体系构建研究

　　客户协同产品创新是由多创新主体的"推动型"创新需求与"拉动型"创新需求共同驱动的设计过程。由于创新需求存在差异性与不确定性，从而导致难以构建科学合理的概念设计创新目标体系。针对此问题，首先，通过研究多创新主体的创新需求，构建了协同创新概念设计目标体系的基本框架，保证了创新目标的整体性与系统性；其次，提出了协同创新概念设计目标重要度的三阶定量分析方法；最后通过实例验证该方法的可行性与有效性。

3.1　目标体系的基本框架

3.1.1　创新需求分析

　　分角色创新主体有着不同的创新需求，从心理学和行为学的观点来看[112]，这是创新主体的客观要求在意识中的直接反映，以及对某种创新目标的期望和渴求。创新需求在本质上是创新主体一种内在的匮乏状态，它表现出创新主体为了生存和发展而对于客观条件的依赖性，是其参与协同创新活动与行为的基本动力。在马斯洛 1943 年发表的《人类动机理论》（*A Theory of Human Motivation Psychological Review*）一书中[113]，首先提出了需求层次论。该理论把人类行为的基本要求分为五种需求类型，即人类五大基本需要，分别为：生理需求、安全需求、社交需求、尊重需求及自我实现需求，马斯洛需求层次理论建立在两个基本理论的基础上：其一，人是有需要的，而这种需要会对行为起决定性作用，并且人的需要有多样性；其二，人的需要具有层次性，某一层需要得到满足后，另一层需要才出现，如图3.1所示。

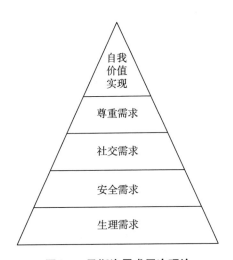

图3.1   马斯洛需求层次理论

Fig.3.1   Maslow's hierarchy of needs

在客户协同产品创新设计过程中，创新主体主要由以客户群体为主、以专家团队为主、以设计团队为主的分角色创新主体构成。其中，以客户群体为主的创新主体包括普通客户群、创意客户群及领先客户群等；以专家团队为主的创新主体由制造领域、测试领域、设计领域及市场领域的专家所组成；以设计团队为主的创新主体是由负责功能设计、结构设计、工艺设计等的专业设计人员所组成。

协同产品创新的概念设计是在系统性集成多位协同主体的不同创新需

求前提下而进行的创新性设计过程。一方面，由于创新主体的类型不同，从而导致不同创新主体在创新过程具有不同的创新角色；另一方面，创新主体往往处于不同的发展阶段，因而具有不同的创新水平。由于上述两个方面，创新主体在参与创新活动时，必将产生不同的创新需求重点，即创新需求具有多样性和层次性。

基于上述分析可知，创新需求具有多样性与层次性的基本特征，在本质上与马斯洛的理论基础相符合，完全满足了马斯洛需求层次理论的前提。鉴于此，引入马斯洛需求层次模型，从创新需求的视角审视创新主体参与产品创新的动机，则可建立协同创新需求层次模型，如图3.2所示。

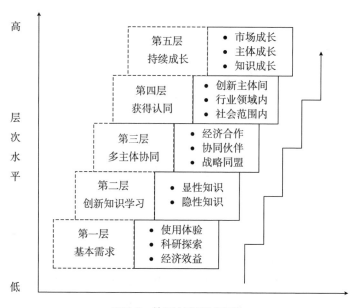

图3.2 协同创新需求层次

Fig.3.2 The hierarchy of collaboration product innovation needs

3.1.1.1 基本需求

基本需求是创新主体参与协同创新设计的第一层动机，不同的创新主体可以通过创新满足其自身的最根本需求。其中，客户群体可以通过创新获得更高品质的使用体验，专家团队可以通过创新论证、创新理论和创新技术，推动科学的发展及社会的进步，设计团队可以通过创新加速产品的升级换代以提升产品利润或增加市场份额，从而获得更大的经济效益。

3.1.1.2　创新知识学习

创新知识学习是创新主体参与协同创新设计的第二层动机，从所需要获得的创新知识的属性角度，可以将其分为显性创新知识学习和隐性创新知识学习两个方面。在协同创新过程中，一方面，创新主体可以获得创新工具与方法、创新管理规范以及创新数据信息等显性知识；另一方面，创新主体通过彼此之间的协同互动行为，可以获得创新模式、创新经验、创新技能等的补充和完善，潜移默化地强化隐性创新知识的共享。

3.1.1.3　多主体协同

多主体协同是创新主体参与协同创新设计的第三层动机，创新主体通过参与创新可以构建起稳定的经济合作关系、协同伙伴关系、战略同盟关系等，具体内涵如下。

①经济合作，不同类型的创新主体可以形成经济契约上的合作，并通过创新活动获得更多的经济利益或者带来更大的社会效益，以实现不同创新主体的差异性创新目标；

②协同伙伴，在创新过程中实现知识共享、知识创新，从而构建起比经济合作更加紧密的协同伙伴关系，有利于创新主体在未来的创新活动中获得更多的技术支持和有价值的创新信息；

③战略合作，协同创新是多方创新知识的融合与提升，借助协同创新平台中的创新知识、创新方法和创新技术，了解整个行业的发展现状和最新动向，不断调整完善自身的创新管理实践，为其发展战略奠定基础并调整战略方向。

3.1.1.4　获得认同

获得认同是创新主体参与协同创新设计的第四层次动机，不同的创新主体期望通过参与协同创新活动，在相关创新领域内获得认同以及肯定，以提升自身的创新地位和创新水平，主要包括以下三个方面的认同：

①协同创新主体之间的认同，通过参与创新过程，创新主体表现出自身的知识背景、学习能力、创新能力、技术水平以及团队组织能力、执行力等素质，将获得更多创新主体的认同；

②行业或领域内的认同，企业参与创新形成创新产品有助于提升企业经济效益和行业地位，领先用户和创新专家可以提升自己在领域内的威望和地位，从而提高在行业或领域内的认同度；

③社会范围内的认同，即获得社会范围内更加广泛的认同，从而形成更好的经济效益或社会效益。

3.1.1.5　持续成长

持续成长作为协同创新的最高层次动机，是创新活动关键驱动，通过不断的产品创新，可以进一步扩大市场份额，同时实现创新主体创新水平的全面提升与成长，最终推动创新知识的完善和发展，其内涵可进一步细分为以下3个方面。

①市场成长，协同产品创新设计必须要在市场上获得最终检验，通过协同创新，系统集成多方的创新知识和创新经验，推出市场满意度高的创新产品，从而获得更多的市场份额并最终推动市场的成长；

②主体成长，在创新过程中，不同的创新主体进行知识交互、知识碰撞以及知识创造，即在知识创新的过程中提升创新技能，积累创新经验，丰富创新知识，实现创新主体创新水平的全面提升与成长；

③知识成长，创新过程中的大量信息技术知识、管理实践知识、项目

管理知识等各种创新知识相互补充、相互融合，并激发创造出新的创新知识，形成知识的新的成长。

3.1.1.6　创新需求

在分析协同创新主体的创新需求层次的基础上，根据创新主体的创新需求对协同产品创新的影响效用及方式的不同，可将其分为"拉动型"创新需求与"推动型"创新需求两大基本类型，如图 3.3 所示。

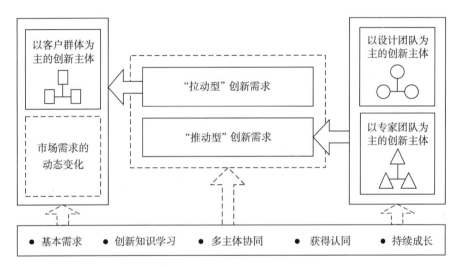

图 3.3　创新需求的基本类型

Fig.3.3　Basic types of innovation needs

① "拉动型"创新需求。拉动型创新需求源于市场对产品或服务的创新需求，也就是说创新活动以市场需求为出发点，明确产品创新的研究方向，通过协同创新活动，创造出适合这一需求的产品或服务，使市场得以满足。拉动型创新需求主要来自于以客户群体为主的创新主体。客户群体结合自身对已有产品或未知产品的认识及理解，在现有体验的基础上所形成的创新期望，主要表现为在创新功能、创新技术、造型结构等方面所提

出的创新需求。

此外，拉动型创新需求同时来自于市场需求的动态变化等相关的信息数据，这些信息不仅限于由客户群体所提供，还可以通过网络技术、市场调研、行业分析等其他方式获取。利用这些信息，可以从更大的范围内全面了解创新需求变化和创新认知程度，并从中提炼出对产品创新有价值的信息数据，有利于正确引导产品创新方向。

"拉动型"需求直接反映了市场对产品创新的多样化及差异化期望，为产品创新设计提供重要参考依据。

② "推动型"创新需求。推动型创新需求主要来自于以专家团队与设计团队为主的创新主体。面向具体的创新任务，分角色创新主体通过市场调研分析，在全面准确把握市场需求动态变化的基础上，依靠其所拥有的领先技术或创新工具，并利用各种网络化协同工作环境、创新设计工具和知识融合手段而提出的创新需求。

"推动型"创新需求，集高技术、高质量、高性能和高附加值于一体，能够为客户提供领先的创新服务和创新体验，不断满足市场需求的新趋势及新要求，并推动创新产品的卓越发展。

综上所述，协同产品创新是将分角色创新主体的"拉动型"创新需求与"推动型"创新需求系统集成，并利用其进行有效驱动的创新性设计过程。为有效提升协同创新效率，在产品创新过程中充分发挥协同创新主体的创新知识与创新智慧的价值，需要在综合考虑创新动机与创新需求的基础上，明确创新任务本身的目标，即构建出科学合理的概念设计创新目标体系。

3.1.2 创新目标体系框架

在客户协同产品创新的概念设计过程中，分角色创新主体对创新任务本身有着不同的创新理解和认识，因而有着不同的创新目标。从系统工程的角度出发，可以将客户协同产品创新的目标归纳为，在满足创新时间和创新成本的前提下，实现产品在结构、功能和技术等方面的创新，同时保证产品在全生命周期过程中具有较低的运维成本以及环境友好性。

因此，可将"拉动型"创新需求与"推动型"创新需求转化为五大创新目标，分别为：经济性创新目标、结构性创新目标、环境性创新目标、技术性创新目标、功能性创新目标，并将其分别用五个维度的向量进行描述。

$$C = \left(c_1, c_2, \cdots, c_c \right)^{\mathrm{T}}$$

$$T = \left(t_1, t_2, \cdots, t_t \right)^{\mathrm{T}}$$

$$F = \left(f_1, f_2, \cdots, f_f \right)^{\mathrm{T}}$$

$$S = \left(s_1, s_2, \cdots, s_s \right)^{\mathrm{T}}$$

$$E = \left(e_1, e_2, \cdots, e_e \right)^{\mathrm{T}}$$

基于此，可建立客户协同创新目标体系的基本框架，如图3.4所示。

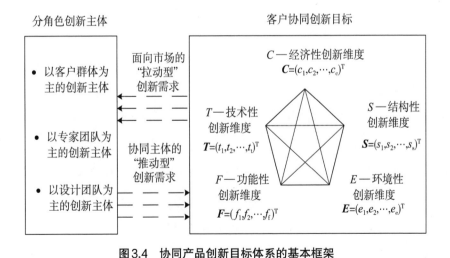

图3.4　协同产品创新目标体系的基本框架

Fig.3.4　The basic framework of collaborative production innovation target system

如图 3.4 所示，协同创新目标体系是由三种基本类型的分角色创新主体共同参与构建的，通过综合分析多位创新主体的创新需求和创新动机，归纳整理为面向市场的拉动型创新需求与协同创新主体的推动型创新需求。在此基础上，提炼出客户协同创新目标体系的基本框架，该框架主要包括五个基本维度，具体内容如下。

① 经济性创新目标。主要是面向创新产品的全生命周期过程中，在成本控制或费用支出等方面所设定的经济目标。主要涉及研发设计阶段的设计费、设备调试费、试验费等，产品生产制造阶段所产生的料、工、费以及由此所引发的相关成本，产品营销阶段的费用，以及使用维护阶段所产生的使用成本和维护成本，此外还包括产品再制造及回收治理等费用。

② 结构性创新目标。主要是指对产品的造型设计、结构体系、装配布置、系统架构等方面所提出的创新目标，以赋予创新产品以新的形态或新的品质。

③ 功能性创新目标。主要是指在产品的功能系统、操作方式、工效状态、运行模式等方面进行创新的目标。功能创新主要是在深刻理解产品预期用途的基础上，对产品的输入、输出和状态参数之间的抽象关系进行重新规范或者重新定义，使得创新产品能够在一定的工作状态下完成特定的行为，以不断满足客户的使用需求，或者为客户带来新的使用体验。

④ 技术性创新目标。主要是指在性能参数优化、技术更新换代、工艺改善优化、新型材料研发等方面所进行的创新技术首次开发或首次应用的创新目标。技术创新是指多个创新要素在交互复杂作用下而涌现出的具有突破性的新技术、新发现或者新原理，并将其转变为新的生产要素引入到产品研发中，从而实现产品的根本性创新，并进一步推动科技的向前发展。

⑤ 环境性创新目标。主要是指在创新设计过程中，围绕产品在全生命周期过程中的资源消费、能源消耗、环境排放等方面而设定的创新目标。在产品创新的概念设计中考虑环境性目标，旨在推进减少废弃物与有效利用资源，推进防止地球暖化与废除、减少环境负荷物质，积极支持人类生存环境的持续性改善。

上述五个维度是客户协同创新目标的基本维度，彼此之间既相互联系，又相互影响。在面向具体的创新产品时，可根据创新任务的不同，对创新维度进行必要的增加或删减。创新目标是客户协同产品设计的基础，将直接影响到后续的概念设计、功能设计以及结构设计等过程。

因此，在构建目标体系的基础上，确定出科学准确的目标重要度，是识别关键创新目标，提升产品协同创新效率的关键因素之一。

3.2　目标重要度的三阶定量分析

3.2.1　目标重要度的定量分析过程

区别于一般的产品设计过程，客户协同创新设计是由具有多知识背景、多创新动机的分角色创新主体共同参与，由多种创新需求共同驱动的产品创新设计方法。由于不同创新主体在创新理念与创新需求等方面存在局限性，导致其各自的创新目标存在较大的差异性与模糊性。同时，不同创新主体在创新知识与语言表征等方面的不一致性，也增加了协同创新目标的复杂性。

在系统集成分角色创新主体的"拉动型"创新需求与"推动型"创新需求的基础上，结合创新目标体系框架，将其归纳提炼为客户协同创新目标体系，该体系包括两层目标。经济性创新目标、结构性创新目标、环境性创新目标、技术性创新目标、功能性创新目标等作为第一层创新目标，是协同产品的创新目标的五个基本维度，其中每个维度又分别包括多个子创新目标，以构成第二层创新目标，上述两层创新目标共同构成了协同产品创新的目标体系。

现阶段的产品设计多以市场需求为主导，其目标通常以市场需求为研究对象，重点在于如何借助各种数学方法以提升客户需求重要度的识别准确性。文献[114]采用层次分析和网络分析法确定客户需求重要度，为强调精确而导致"重复判断"烦冗；文献[115]研究了基于二元语义理论的需求重要度确定方法，但解决多粒度语言信息时采用模糊算子，使得主观性较强，同时计算较为复杂；文献[116]利用模糊理论分析客户需求，难以保证隶属函数及模糊数的合理性，使得客观信息数据失真；文献[117]应用粗糙集理论进行需求排序，但面对复杂产品的多项需求时具有一定的局限性。综上所述，仅采用目前常用的单一方法或工具计算重要度，难以充分利用多创新主体的创新知识和创新经验，无法准确量化创新目标重要度。因此，提出了协同创新目标重要度的三阶定量分析方法，其基本思路如下。

首先，第一阶段要解决的主要问题是如何保证协同创新主体在创新方向上达成一致，使得判断结果既要能够充分利用创新主体的创新经验，又要避免创新主体的主观随意性。在一般情况下，主观赋权法的客观性较差，但具有解释性强的优点；客观赋权法具有精度较高的优势，但有时会与实际情况相悖[118]。基于此，采用基于AHP和熵值法的主客观综合赋权法进行重要度的判定。一方面，采用基于AHP的主观赋权，能够有效处理难以完全定量分析的复杂决策问题，充分利用协同创新主体的创新经验以判断不同目标的重要程度，使得判断结果不会违背基本的创新规则与创新常识；另一方面，采用基于熵值法的客观赋权，可以通过决策矩阵信息，利用熵的概念客观反映出同一系统中各项目标的差异程度,从而计算出创新目标重要度,依靠数学理论依据而避免判断结果的主观随意性。进一步将上述两种方法所计算出的重要度数值进行几何平均,从而确定出第一层创新目标的重要度。

其次,第二阶段要解决的问题是如何准确刻画第二层创新目标的重要度,即衡量同一维度中的多个创新子目标的排序问题。其一,由于创新产品本身的不确定性与复杂性,以及协同创新主体在认知上的模糊性,难以用精确数值对创新子目标进行直接评判,因而可采用语言变量的形式来反映其创新意见。模糊理论在处理语言问题时,需要将语言变量转换为模糊数进行计算,容易造成决策信息缺失[119],因此并不适用。对于此类问题,最有效的解决方法是采用语言决策理论直接对语言变量进行处理,从而避免丢失决策数据[12]。其二,由于分角色创新主体受限于创新知识、创新经验以及产品本身的复杂程度等主客观因素的差异性,其所提供的语言变量呈现非平衡态,即其中可能包含确定型语言变量或不确定型语言变量;与此同时,不同创新主体的语言决策信息的语义粒度并非完全一致,主要取决于其自身的主观偏好。因此,第二层创新目标重要度可采用多粒度非平衡性的语言决策方法进行计算,以确保多创新主体复杂语言决策信息的一致性与准确性。

在此基础上,由于创新产品是否成功,最终需要通过市场来进行检验。市场竞争性将会是最重要的影响因素之一,因此,需要进行市场竞争性预测,进一步对创新目标重要度进行修订,使得创新目标重要度更具针对性与合理性。

综上所述,可构建出协同产品创新目标重要度的定量分析过程,如图3.5所示。

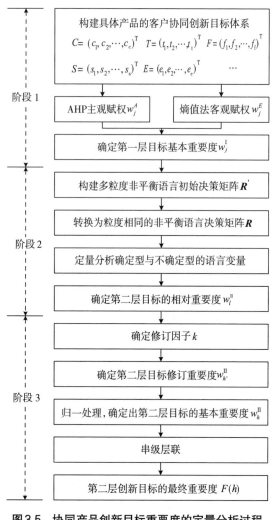

图3.5 协同产品创新目标重要度的定量分析过程

Fig.3.5 The process of collaborative product innovation targets quantitative analysis

第一阶段：为保证协同创新设计过程的整体性和创新方向的正确性，采用AHP与熵值法相结合的主客观赋权法确定第一层目标的基本重要度。其中，熵是系统无序程度的度量，可度量出决策数据所包含的有效信息量，当某项创新目标的熵值较小，说明该目标所提供的有效信息量较大，其权重也较大；反之，若某项创新目标的熵值较大，则说明该目标所提供的信息量较小，其权重也较小。

第二阶段：第二层创新目标的基本重要度采用多粒度非平衡性的语言处理方法进行计算。首先，多粒度非平衡性语言评估标度来表示多创新主体的决策信息，构建出多粒度语言初始决策矩阵；其次，利用转换函数将多粒度的语言评价信息进行一致性转换；在此基础上，基于逼近理想解的混合排序方法，确定出第二层创新目标的基本重要度。

第三阶段：从"卖点"的角度出发，对第二层创新目标进行市场竞争性评估，并确定出其相对应的影响因子，从而对创新目标的重要度进行修订，使得创新目标更加准确。

3.2.2　第一层目标基本重要度的确定

设有 m 位协同创新主体共同参与，第一层目标数量为 n，且 $i = 1, 2, \cdots, m$；$j = 1, 2, \cdots, n$，确定第一层目标基本重要度的具体过程如下。

① 基于 AHP 的基本重要度计算。构造比较判断矩阵。采用整数 1~5 标度定义方法来确定两个指标之间的影响程度，可以构成判断矩阵 $\boldsymbol{A} = (a_{ij})_{n \times n}$；计算特征矢量 $\boldsymbol{w}_i$ 和最大特征值 $\lambda_{\max}$，并进行一致性检验，若通过，则可得第一层目标的基本重要度 w_j^A。

② 基于熵值法的基本重要度计算。构造决策矩阵 $\boldsymbol{B} = (b_{ij})_{m \times n}$，利用 $b'_{ij} = a_{ij} / \sum\limits_{i=1}^{m} a_{ij}$，将决策矩阵进行规范化处理，得到 $\boldsymbol{B}' = (b'_{ij})_{m \times n}$；计算第 j 项目标基本重要度的熵值，$e_j = -\sum\limits_{i=1}^{m} p_{ij} \ln p_{ij}$，若 $p_{ij} = 1/m$，则 $e_j = \ln m$；令 $u_j = 1/e_j$，则第 j 项目标基本重要度为：

$$w_j^E = u_j / \sum_{j=1}^{n} u_j \tag{3.1}$$

③ 基本重要度的综合。利用几何平均值的方法将上述两类基本重要度进行处理，对其进行归一化处理，可确定第一层目标基本重要度 w_j^1 为：

$$w_j^1 = \sqrt{w_j^A \cdot w_j^E} \tag{3.2}$$

3.2.3　第二层目标基本重要度的确定

限于篇幅，仅以技术性创新维度为例，说明第二层目标重要度的确定过程。此维度共包含 t 个创新目标。其中第 i 个创新主体记为 C_i （$i = 1, 2, \cdots, m$），第 l 个目标记为 T_l （$l = 1, 2, \cdots, t$），具体计算过程如下：

① 根据不同的创新主体在创新设计中的创新角色、创新贡献及创新经验的不同，得到各创新主体自身权重 μ_i （$i = 1, 2, \cdots, m$）；

② 采用多粒度非平衡性语言评价方法[121-122]，构建多粒度语言初始决策矩阵 $R' = (v_{il})_{m \times t}$，其中评估标度可以表示为：

$$S^{(k)} = \left\{ s_\alpha^{(k)} \middle| \alpha = 1-k, \frac{2}{3}(2-k), \frac{2}{4}(3-k), \cdots, 0, \cdots, \frac{2}{4}(k-3), \frac{2}{3}(2-k), k-1 \right\} \tag{3.3}$$

其中，$s_\alpha^{(k)}$ 表示语言术语，$s_{1-k}^{(k)}$ 和 $s_{k-1}^{(k)}$ 分别表示其下限和上限。

③ 利用转换函数[121]将多粒度的语言评价信息进行一致性转换。设任意两个给定的连续性语言标度集分别为：

$$S^{(k_1)} = \left\{ s_\alpha^{(k_1)} \middle| \alpha \in [1-k_1, k_1-1] \right\} \tag{3.4}$$

$$S^{(k_2)} = \left\{ s_\beta^{(k_2)} \middle| \beta \in [1-k_2, k_2-1] \right\} \tag{3.5}$$

其转换函数可以表示为：

$$F: S^{(k_1)} \rightarrow s^{(k_2)}, \beta = F(\alpha) = \alpha \frac{k_2-1}{k_1-1} \tag{3.6}$$

$$F^-: S^{(k_2)} \rightarrow s^{(k_1)}, \alpha = F^-(\beta) = \beta \frac{k_1-1}{k_2-1} \tag{3.7}$$

选择使用频率最高的语言评价信息集合作为基本集合，通过转换函数

对其余语言评价信息进行一致化处理，可得粒度相同的决策矩阵R

$$R = (v_{il})_{m \times t} \tag{3.8}$$

④ 定量分析决策矩阵中的确定型语言变量与不确定型语言变量。借鉴 TOPSIS理论中的混合排序思想[123-124]，将创新目标基本重要度向量的正负相对理想点分别记为P^+、N^-，则

确定型语言变量：

$$P_i^+ = \max_l \{v_{il}\} \tag{3.9}$$

$$N_i^- = \min_l \{v_{il}\} \tag{3.10}$$

不确定型语言变量：

$$P_i^+ = \left[P_i^{L+}, P_i^{R+} \right] = \left[\max_l \{v_{il}^L\}, \max_l \{v_{il}^R\} \right] \tag{3.11}$$

$$N_i^- = \left[N_i^{L-}, N_i^{R-} \right] = \left[\min_l \{v_{il}^L\}, \min_l \{v_{il}^R\} \right] \tag{3.12}$$

根据语言变量的运算法则，设则任意两个确定型语言变量$s_\alpha^{(k)}$和$s_\beta^{(k)}$，任意两个不确定型语言变量$s_1^{(k)} = \left[s_{\alpha_2}^{(k)}, s_{\beta_2}^{(k)} \right]$和$s_2^{(k)} = \left[s_{\alpha_2}^{(k)}, s_{\beta_2}^{(k)} \right]$，则两个语言变量之间的分离度$d$可以分别描述为：

确定型语言变量：

$$d\left(s_\alpha^{(k)}, s_\beta^{(k)} \right) = \frac{|\alpha - \beta|}{2k - 1} \tag{3.13}$$

不确定型语言变量：

$$d\left(s_1^{(k)}, s_2^{(k)} \right) = \frac{|\alpha_1 - \alpha_2| + |\beta_1 - \beta_2|}{2(2k - 1)} \tag{3.14}$$

进一步可计算出向量v_j与正负相对理想点P^+、N^-之间D的距离D_l^+、D_l^-，分别为：

$$D_l^+ = \sum_{i=1}^m \rho_i d\left(v_{il}, P_i^+ \right) \quad (l = 1, 2, \cdots, t) \tag{3.15}$$

$$D_l^- = \sum_{i=1}^m \rho_i d\left(v_{il}, N_i^- \right) \quad (l = 1, 2, \cdots, t) \tag{3.16}$$

其中，ρ_i 为每个创新主体自身的权重，可根据不同创新主体在创新任务中所处的角色地位不同，通过协商共同确定。

⑤ 第二层技术性创新维度的创新目标的基本重要度可利用向量 v_l 与正负相对理想点 P^+、N^- 之间的贴近系数 c_l 来进行描述：

$$c_l = \frac{D_l^-}{D_l^+ + D_l^-} \qquad (l = 1, 2, \cdots, t) \qquad (3.17)$$

对计算出的 c_l 进行归一化处理，可以得到第二层技术性创新维度的创新目标的基本重要度 w_l^{II}。

$$w_l^{\mathrm{II}} = c_l \Big/ \sum_{l=1}^{t} c_l \qquad (3.18)$$

3.2.4　目标重要度的修订

通常修订部分以"卖点"概念出现，把卖点分为多个等级，分别对应数值1.5、1.2和1.0或其他数字标度，对基本重要性进行修订[125]。由于创新目标难以准确衡量市场的竞争性，必须通过创新主体对创新目标的理解和认识而加以判断，因此，本书将竞争性评估等级分为"非常乐观""比较乐观""一般乐观""不太乐观"四个等级，分别将协同创新目标的重要度的修订因子 k 确定为 $k_1 = 1.5$、$k_2 = 1.2$、$k_3 = 1$、$k_4 = 0.6$，通过对协同创新主体进行调研，并采用最大频数法确定出最终的竞争性评估等级及其相应的修订因子。将第二层目标基本重要度 w_l^{II} 与 k 相乘，可以得到第二层目标修订重要度 w_h^{II}：

$$w_h^{\mathrm{II}} = w_l^{\mathrm{II}} \times k \qquad (3.19)$$

将 w_h^{II} 进行归一化处理，可以得到第二层目标基本重要度 w_h^{II}。将创新目标的重要度进行串级层联，即将上述结果与第一层技术性创新维度的基本重要度相乘，则可以计算出第二层技术性创新维度的创新目标的最终重要度 $F(h)$。

$$F(h) = w_h^{\mathrm{II}} \times w_j^{\mathrm{I}} \qquad\qquad （3.20）$$

重复上述步骤，可计算出目标框架内所有创新目标的最终重要度。

3.3　案例研究

以某手机的创新设计为例，本次创新设计任务共有5位创新主体参与，在系统分析"拉动型"创新需求和"推动型"创新需求的基础上，归纳整理出创新目标体系，共包括第一层创新目标4项，第二层创新目标14项，如图3.6所示。

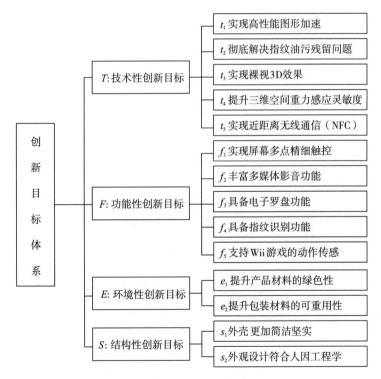

图3.6　某型号手机协同创新目标体系框架

Fig.3.6　The collaborative innovation target system framework of a cell phone

3.3.1 确定第一层目标基本重要度

① 计算基本重要度 w_j^A。基于 AHP 方法进行主观赋权，计算基本重要度 w_j^A。构建判断矩阵 A：

$$A = \begin{pmatrix} 1 & 1/2 & 4 & 3 \\ 2 & 1 & 5 & 4 \\ 1/4 & 1/5 & 1 & 1/2 \\ 1/3 & 1/4 & 2 & 1 \end{pmatrix}$$

通过计算得出 $\lambda_{\max} = 4.0484$，并进行一致性检验，则可求出 $w_j^A = \{0.3055, 0.4919, 0.0778, 0.1248\}$

② 计算基本重要度 w_j^E。基于熵值法进行客观赋权，计算基本重要度 w_j^E。构建判断矩阵 B：

$$B = \begin{pmatrix} 5 & 5 & 2 & 2 \\ 4 & 4 & 1 & 2 \\ 2 & 3 & 2 & 2 \\ 4 & 4 & 3 & 2 \\ 3 & 1 & 2 & 1 \end{pmatrix}$$

进行规范化处理，可得矩阵 B'：

$$B' = \begin{pmatrix} 0.2778 & 0.2941 & 0.2000 & 0.2222 \\ 0.2222 & 0.2353 & 0.1000 & 0.2222 \\ 0.1111 & 0.1765 & 0.2000 & 0.2222 \\ 0.2222 & 0.2353 & 0.3000 & 0.2222 \\ 0.1667 & 0.0588 & 0.2000 & 0.1111 \end{pmatrix}$$

则可计算出 $w_j^E = \{0.2480, 0.2567, 0.2495, 0.2458\}$。

③ 确定第一层目标基本重要度 w_j^1。利用几何平均值的方法综合上述两类基本重要度，可得到第一层目标基本重要度 w_j^1：

$$w_j^1 = \{0.2912, 0.3760, 0.1474, 0.1853\}$$

3.3.2　确定第二层目标基本重要度

以技术性创新维度为例说明计算过程，如图 3.6 所示，此维度包含 5 个创新目标，分别为：实现高性能图形加速（t_1）、彻底解决指纹油污残留问题（t_2）、实现裸视 3D 效果（t_3）、提升三维空间重力感应灵敏度（t_4）、实现近距离无线通信（t_5）。

由于多位创新主体对创新目标的认知存在差异性，在确定其重要度时采用不同语义粒度和语言变量形式。在此采用三种非平衡语义标度集，分别为：

$S^{(3)}=\{s_{-2}^{(3)}=$很不重要，$s_{-2/3}^{(3)}=$不重要，$s_0^{(3)}=$一般重要，$s_{2/3}^{(3)}=$重要，$s_2^{(3)}=$很重要$\}$

$S^{(4)}=\{s_{-3}^{(4)}=$非常不重要，$s_{-4/3}^{(4)}=$很不重要，$s_{-1/2}^{(4)}=$不重要，$s_0^{(4)}=$一般重要，$s_{1/2}^{(4)}=$重要，$s_{4/3}^{(4)}=$很重要，$s_3^{(4)}=$非常重要$\}$

$S^{(5)}=\{s_{-4}^{(5)}=$极其不重要，$s_{-2}^{(5)}=$非常不重要，$s_{-1}^{(5)}=$不重要，$s_{-2/5}^{(4)}=$较不重要，$s_0^{(5)}=$一般重要，$s_{2/5}^{(4)}=$较重要，$s_1^{(5)}=$重要，$s_2^{(5)}=$非常重要，$s_4^{(5)}=$极其重要$\}$

则可构建多粒度语言初始决策矩阵 $\boldsymbol{R}'=(v_{il})_{m\times t}$，如表 3.1 所示。

表 3.1　多粒度语言初始决策信息

Table 3.1　Initial decision-making information for multi-granularity language

变量	C_1	C_2	C_3	C_4	C_5
语言标度集	$S^{(4)}$	$S^{(3)}$	$S^{(5)}$	$S^{(4)}$	$S^{(4)}$
语言变量	不确定型	确定型	不确定型	确定型	确定型
t_1	$\left[s_{1/2}^{(4)},s_{4/3}^{(4)}\right]$	$s_{2/3}^{(3)}$	$\left[s_1^{(5)},s_2^{(5)}\right]$	$s_3^{(4)}$	$s_{4/3}^{(4)}$
t_2	$\left[s_0^{(4)},s_{4/3}^{(4)}\right]$	$s_2^{(3)}$	$\left[s_{2/5}^{(5)},s_1^{(5)}\right]$	$s_{1/2}^{(4)}$	$s_{4/3}^{(4)}$
t_3	$\left[s_{-3}^{(4)},s_{-4/3}^{(4)}\right]$	$s_{-2}^{(3)}$	$\left[s_{-2}^{(5)},s_{-1}^{(5)}\right]$	$s_{-4/3}^{(4)}$	$s_{-1/2}^{(4)}$

续表

变量	C_1	C_2	C_3	C_4	C_5
t_4	$\left[s_0^{(4)}, s_{4/3}^{(4)}\right]$	$s_{2/3}^{(3)}$	$\left[s_2^{(5)}, s_4^{(5)}\right]$	$s_{4/3}^{(4)}$	$s_3^{(4)}$
t_5	$\left[s_{-3}^{(4)}, s_{-1/2}^{(4)}\right]$	$s_{-2/3}^{(3)}$	$\left[s_{-4}^{(5)}, s_{-2}^{(5)}\right]$	$s_{-1/2}^{(4)}$	$s_{-4/3}^{(4)}$

考虑到其中 3 位创新主体均采用非平衡语义标度集 $S^{(4)}$，因而将其作为基本非平衡语义标度集，利用式（3.6）、式（3.7）对多粒度语言初始决策矩阵 $\mathbf{R}'$ 进行一致化处理，可得粒度相同的语言决策矩阵 $\mathbf{R} = (v_{il})_{m \times t}$，如表 3.2 所示。

表 3.2　粒度相同的语言决策信息

Table 3.2　The decision-making information for same granularity language

变量	C_1	C_2	C_3	C_4	C_5
t_1	$\left[s_{1/2}^{(4)}, s_{4/3}^{(4)}\right]$	$s_1^{(4)}$	$\left[s_{4/3}^{(4)}, s_{3/2}^{(4)}\right]$	$s_3^{(4)}$	$s_{4/3}^{(4)}$
t_2	$\left[s_0^{(4)}, s_{4/3}^{(4)}\right]$	$s_3^{(4)}$	$\left[s_{3/10}^{(4)}, s_{3/4}^{(4)}\right]$	$s_{1/2}^{(4)}$	$s_{4/3}^{(4)}$
t_3	$\left[s_{-3}^{(4)}, s_{-4/3}^{(4)}\right]$	$s_{-3}^{(4)}$	$\left[s_{-3/2}^{(4)}, s_{-3/4}^{(4)}\right]$	$s_{-4/3}^{(4)}$	$s_{-1/2}^{(4)}$
t_4	$\left[s_0^{(4)}, s_{4/3}^{(4)}\right]$	$s_1^{(4)}$	$\left[s_{3/2}^{(4)}, s_3^{(4)}\right]$	$s_{4/3}^{(4)}$	$s_3^{(4)}$
t_5	$\left[s_{-3}^{(4)}, s_{-1/2}^{(4)}\right]$	$s_{-1}^{(4)}$	$\left[s_{-3}^{(4)}, s_{-3/2}^{(4)}\right]$	$s_{-3}^{(4)}$	$s_{-4/3}^{(4)}$

利用式（3.9）~式（3.12）可计算出技术创新目标重要度的正负相对理想点：

$$P^+ = \left\{ \left[s_{1/2}^{(4)}, s_{4/3}^{(4)}\right], s_3^{(4)}, \left[s_{3/2}^{(4)}, s_3^{(4)}\right], s_3^{(4)}, s_3^{(4)} \right\}$$

$$N^- = \left\{ \left[s_{-3}^{(4)}, s_{-4/3}^{(4)}\right], s_{-3}^{(4)}, \left[s_{-3}^{(4)}, s_{-3/2}^{(4)}\right], s_{-3}^{(4)}, s_{-4/3}^{(4)} \right\}$$

根据五位创新主体在创新任务中所处的角色地位不同，通过集体投票表决得到其自身权重：

$$\rho = （0.18、0.10、0.27、0.25、0.20）$$

利用式（3.13）~式（3.16），计算得出创新目标的重要度向量与 P^+、N^- 之间的距离：

$$D_l^+ = \{0.1083，0.2099，0.5210，0.0945，0.6374\}$$

$$D_l^- = \{0.5683，0.4668，0.1557，0.5821，0.0393\}$$

由式（3.17）计算出贴近系数 c_l 分别为：

$$\{0.8399、0.6898、0.2300、0.8603、0.0581\}$$

利用式（3.18）进行归一化，可得到第二层技术性创新维度的创新目标的基本重要度：

$$w_l^{II} = （0.3136，0.2576，0.0859，0.3212，0.0217）。$$

3.3.3　修订目标重要度

通过对协同创新主体进行调研，并采用最大频数法确定出最终的竞争性评估等级及其相应的修订因子，依据式（3.19）得到创新目标的修订重要度 w_h^{II}。

进而通过归一化处理，计算出第二层技术性创新维度中创新目标的基本重要度 w_h^{II} 为：

$$w_h^{II} = （0.2653，0.2615，0.0436，0.4076，0.0220）$$

利用式（3.20）可以计算出第二层技术性创新维度的创新目标的最终重要度 $F(h)$ 为：

$$F(h) = （0.0773，0.0761，0.0127，0.1187，0.0064）$$

重复上述步骤，可分别计算出另外三个维度中创新目标的最终重要度，具体计算结果见表3.3。

表3.3 面向客户协同的产品创新设计目标重要度

Table 3.3 The importance of targets oriented to customer collaborative product innovation design

I	w_j^{I}	II	w_h^{II}	k	$w_{h\cdot}^{\mathrm{II}}$	w_h^{II}	$F(h)$
T	0.2912	t_1	0.3136	1.0	0.3136	0.2653	0.0773
		t_2	0.2576	1.2	0.3091	0.2615	0.0761
		t_3	0.0859	0.6	0.0515	0.0436	0.0127
		t_4	0.3212	1.5	0.4818	0.4076	0.1187
		t_5	0.0217	1.2	0.0260	0.0220	0.0064
F	0.3760	f_1	0.3749	1.2	0.4499	0.4441	0.1670
		f_2	0.3016	1.0	0.3016	0.2977	0.1119
		f_3	0.1872	0.6	01123	0.1109	0.0417
		f_4	0.0614	0.6	0.0368	0.0364	0.0137
		f_5	0.0749	1.5	0.1124	0.1109	0.0417
E	0.1474	e_1	0.6519	1.2	0.7823	0.6920	0.1020
		e_2	0.3481	1.0	0.3481	0.3079	0.0454
S	0.1853	s_1	0.5576	1.0	0.5576	0.5576	0.1033
		s_2	0.4424	1.0	0.4424	0.4424	0.0820

3.3.4 讨论

从第一层创新目标中可以看出，$w_F^{\mathrm{I}} > w_T^{\mathrm{I}} > w_S^{\mathrm{I}} > w_E^{\mathrm{I}}$，且 w_F^{I}、w_T^{I} 明显高于 w_S^{I}、w_E^{I}，从而可以确定出本次协同产品创新设计的主要创新方向为功能创新和技术创新两个维度。第二层创新目标中，$F(h)$ 低于0.05的共有6项，分别为 t_3、t_5、f_3、f_4、f_5、e_2，如图3.7所示。

为进一步验证上述结果的有效性与准确性，选取了协同创新主体中具有代表性的两家企业A和B进行跟踪调研，其产品均主要面向中高端客户群体。

企业A采用了全部的产品创新目标。企业B为减少创新风险，降低产品成本，并未全部采用上述创新目标，去掉了 $F(h)$ 值低于 0.05 的创新目标，但考虑到环境保护是具有重要意义的发展问题和民生问题，特别保留了环境性创新维度中的 e_2 目标。

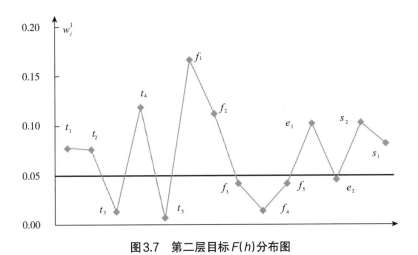

图3.7　第二层目标 $F(h)$ 分布图

Fig.3.7　$F(h)$ distribution map of the second layer targets

通过对市场调研数据及企业数据进行分析，可知企业 A 和企业 B 的产品在某区域市场中均具有较高的市场满意度，分别为 82% 和 80%，说明该创新目标符合市场需求，从客观上证明了该方法的有效性；同时，企业 A 和企业 B 的产品在某区域市场中的市场占有率均处于较高水平，分别为 29% 和 21%，但两者之间的差距并不大，表明去掉 5 项重要度较低的创新目标，对产品的市场占有率影响程度并不显著，在一定程度上验证了该方法的准确性。

3.4　本章小结

本章构建了协同产品创新目标体系的基本框架，从整体上将"拉动型"创新需求与"推动型"创新需求和市场创新需求纳入统一的创新目标体系中；提出了协同产品创新目标重要度的三阶定量分析方法，保证了协同创新方向的正确性以及多创新主体复杂语言信息的一致性和准确性。第一阶段：采用 AHP 与熵值法相结合的主客观赋权法确定第一层目标的基本重要度，保证了协同创新目标的整体性和创新方向的正确性；第二阶段：采用多粒度非平衡性的语言决策方法，确定出第二层创新目标的基本重要度，以确保多创新主体复杂语言决策信息的一致性与准确性；第三阶段：从"卖点"的角度出发，对创新目标的重要度进行修订，使得创新目标的重要度更加准确。最后，通过实例验证了该方法的可行性和有效性。

第4章 协同产品创新中概念设计方案的评价研究

在客户协同创新过程中，面对具体的创新目标，协同创新主体会提出不同创新解决方案，而方案的决策结果将会直接影响到后续的详细设计阶段。因此，对创新设计方案进行科学评价是协同创新设计中的关键环节之一，对其研究具有重要的理论价值和实践指导意义。为科学有效地选择创新设计方案，提出了基于R–A–WNN的协同产品创新中概念设计方案的评价方法。首先，建立了一套系统性、层次性、合理性的客户协同创新方案评价指标体系，并运用粗糙集理论（RST）对评价指标进行预处理，降低了评价指标及其数据的冗余度；其次，通过小波神经网络（WNN）构建了协同创新设计方案评价的基本网络模型，并利用蚁群算法模型（ACO）对其中的关键参数进行同步优化。最后，通过实例验证了该方法的可行性与实用性。

4.1 问题描述

概念设计方案的评价是协同产品创新过程中的重要步骤，它是进行详细设计的关键基础。在概念设计方案的生成阶段，可以产生多个可供选择的概念设计方案，不良的概念设计方案可能会导致后续的功能设计、结构设计、工艺设计等详细设计工作产生方向性偏差，最终使得产品创新项目在激烈的市场竞争中面临失败的风险，因而需要构建出科学有效的方案评价方法及评价模型，对其所有的备选方案进行评价选择，从而得到最优的设计方案。

目前常用的方案评价方法，主要包括专家评价法，层次分析法、质量功能配置QFD、模糊评价法、灰色评估法、BP神经网络等。

模糊综合评价法（Fuzzy Comprehensive Evaluation Method），是一种基于模糊数学的综合评标方法，1965 年由美国自动控制专家 Zadeh 教授提出[126]。该综合评价法根据模糊数学的隶属度理论把定性评价转化为定量评价，即用模糊数学对受到多种因素制约的事物或对象做出一个总体的评价。它具有结果清晰、系统性强的特点，能较好地解决模糊的、难以量化的问题，适合于各种非确定性问题的解决。基本思想[127]是对单个因素进行评价，然后对所有因素进行综合模糊评价，防止遗漏任何统计信息和信息的中途损失，这有助于解决用"是"或"否"这样的确定性评价带来的对客观真实偏离的问题。基本原理[128]为：评价主体对影响事物功能因素集 $U = \{u_1, u_2, \cdots, u_n\}$ 的评判往往是模糊的，它将由 m 种评判构成模糊评价集 $V = \{v_1, v_2, \cdots, v_m\}$，其综合评价是 V 上的一个模糊子集，$B = \{b_1, b_2, \cdots, b_m\} \in V$。其中，$b_k$ 为 v_k 对 B 的隶属度，即 $\mu_B(v_k) = b_k, k = 1, 2, \cdots, m$，表示第 j 个 v_k 在综合判断中所占的地位。判断综合评价 B 依赖于各因素 u 的重要度。模糊综合评价法的基本建模步骤[129]如图4.1所示。

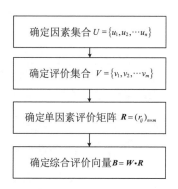

图4.1　模糊综合评价法的基本建模步骤

Fig.4.1　Basic modeling steps of the fuzzy comprehensive evaluation method

层次分析法（AHP）是美国运筹学家Saaty教授于20世纪70年代初期提出的[130]，AHP采用数学方法对哲学上的分解与综合思维过程进行了描述，其实质是将决策主体对复杂系统的评价过程层次化、结构化、数量化[131]。该方法把复杂问题中的各种因素通过划分为相互联系的有序层次，使之条理化，作为规划、决策和评价工具，具有适用性、简洁性、有效性和系统性等特点。如图4.2所示，层次分析法体现了人们决策思维的基本特征：即分解、判断、综合的过程[132]。

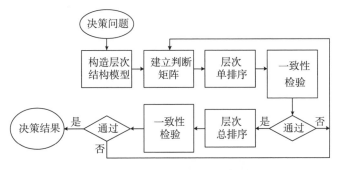

图4.2　层次分析法的基本步骤

Fig.4.2　The basic steps of the analytic hierarchy process

灰色评估法是指基于灰色系统的理论和方法，针对预定的目标，对评价对象在某一阶段所处的状态进行的评价[133]。控制论中的灰色系统是指信息不完全确知的系统，介于信息未知的"黑色系统"与信息完全明确的"白色系统"之间。针对灰色系统这样的贫信息系统，我国华中科技大学的邓聚龙教授于1982年提出了灰色系统理论[134]。该理论以信息的非完备性为出发点，以处理复杂系统为目标，通过对系统某一层次的数据信息加以数学处理，从更高层次掌握了解系统内部的变化趋势与关系机制等。基于灰色系统理论的评价方法具体是指系统的关联度分析方法，根据因素之间发展态势的相似或相异程度来衡量因素间关联程度，直接反映出各评价对象对理想对象的接近次序，可以作为科学评价的决策依据。灰色评估法的基本步骤[135]如图4.3所示。

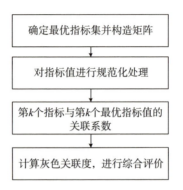

图4.3　灰色评估法的基本步骤

Fig.4.3　The basic steps of the grey evaluation method

此外，常用的方案评价方法还包括专家评价法、质量功能配置QFD、BP神经网络、利用证据推理的评价方法以及利用粗集理论对多标准决策问题进行偏好建模等各种各样的定量或定性的评价决策方法。

产品总体设计方案评价决策，是新产品开发过程中的关键环节。协同创新主体对于给定的选择方案集，根据具体的产品类型及其特征属性，采用一定的评价指标体系衡量并得出各方案的排序结果。通过协同创新主体的共同决策，能够促进决策群体意见的有机集成，使整个概念设计方案向合理化、可靠化、创新化方向发展，提高产品创新效率。区别于一般的产品设计方案综合评价，协同产品创新中概念设计方案评价的基本特点主要包括以下四个方面。

其一，概念设计方案通常通过创新主体的创造性思维来设计和表达，主观因素较多，偏好性强，从而使得不同创新主体在创新理念与创新知识等方面具有局限性与差异性，因此在方案评价时需要充分考虑创新技术的掌握水平、创新知识的管理水平以及协同性等一系列评价指标。

其二，概念设计方案评价过程中的很多评价变量难以用数量进行表示，跨地域、跨专业的协同创新主体往往利用自身的专业知识进行评价决策。不同创新主体在创新认知与语言表征等方面的不一致性，增加了协同创新评价的复杂性。

其三，需要进行协同设计的产品通常是复杂产品，其概念设计方案参数繁多，属性各不相同。因此，创新方案综合评价结果将受到多个评价指标的影响，错综复杂的内在关联决定了二者之间存在着复杂的耦合关系。

其四，评价结果的准确性，在很大程度上受到不同创新主体的创新经验和创新知识的影响。在评价过程中，需要有效地利用产品创新设计初期一些不完全的知识和数据，为决策人员提供定量信息和决策支持，并能够充分利用创新主体的经验，对产品创新的概念设计方案进行有效的评价与决策。

基于以上四点，仅采用目前常用的评价指标和评价方法，难以对创新设计方案进行科学有效地协同决策。因此，需要对客户协同创新设计方案评价指标体系进行系统性研究，在此基础上，提出针对具有科学性、可靠性及针对性的方案评价模型。综上所述，可建立协同产品创新中概念设计方案评价问题的基本框架（图4.4）。该基本框架以协同产品创新中概念设计方案评价需要解决的主要问题为切入点，其基本思路有以下几点。

① 为解决创新理念的局限性以及创新认知的不一致性，需要建立一套系统性、层次性、合理性的协同产品创新中概念设计方案的评价指标体系，综合考虑概念设计方案中的环境因素、市场因素、质量因素、技术因素、协同因素、成本因素等指标。

② 为克服评价语言的多样性与评价数据的复杂性，利用处理模糊和不确定性知识的数学工具——粗糙集理论，对评价指标和评价数据进行规范处理和属性分析，从而实现评价指标及其数据的有效约简。

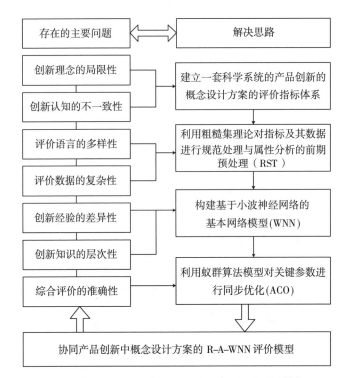

图4.4 协同产品创新中概念设计方案评价问题的基本框架

Fig.4.1 The basic framework of evaluation problem of the concept design schemes

oriented to collaborative product innovation

③ 为避免创新经验的差异性与创新知识的层次性对评价造成影响，利用小波神经网络（WNN）在信息提取和非线性逼近方面所具有的优势，构建小波神经网络基本模型，以求解各个评价指标与综合评价之间存在的多元非线性映射关系。

④ 为提升综合评价的准确性，根据小波神经网络中基本参数的随机选取类似于蚁群算法中蚂蚁的路径选择，而小波神经网络中不断调整误差的过程又与蚁群算法中信息素的积累过程十分相似，因此可利用蚁群算法模型对基本网络模型中的关键参数进行同步优化。

基于以上四点，可构建出协同产品创新中概念设计方案的R-A-WNN

评价模型，在充分利用分角色创新主体的创新经验和创新知识的基础上，对产品创新概念设计方案进行科学全面地评价。

4.2　评价指标体系的建立

考虑到不同的创新主体对协同创新方案的认知存在差异性，由分角色创新主体提出的不同创新解决方案会受多类因素的影响，且各因素之间既互相联系又互相制约。在综合考虑一般评价指标的基础上，对协同创新的信息进行整理、加工和提炼，结合创新方案的显性特征与隐性内涵，遵循科学性与系统性相结合、联系性与层次性相适应、目的性与可行性相统一的原则，形成系统的、有层次的、有条理的指标体系，有针对性地增加了创新技术、创新知识等强相关联的评价指标，同时提出了协同性维度的关键性指标，主要包括以下6个。

① 环境性指标（E）。主要是指创新产品在全生命周期中可能产生的物理的（声、光、热、辐射、振动等）、化学的（有机物、无机物）、生物的（霉菌、病菌）有害物质以及所涉及的设备、工艺或场所，或与之相关的制度、机构和活动等指标。主要包括空气污染量（E_1）、水污染量（E_2）、固体废弃物及噪声污染量（E_3）、资源能源的利用率（E_4）、产品绿色再制造性（E_5）等指标。

② 成本性指标（C）。主要是指在创新产品的全生命周期过程中设计、加工制造、装配、检测、销售、使用、维护、回收、报废等多个阶段所需要考虑的成本因素。主要包括创新设计费用（C_1）、生产制造费用（C_2）、设备运维费用（C_3）、市场营销费用（C_4）、研发设计周期（C_5）以及制造装配时间（C_6）等指标。

③ 市场性指标（M）。在激烈的市场竞争中获取领先地位是衡量创新产品概念设计是否成功的重要维度。依据产业组织理论中的SCP范式理

论[136]，传统市场可分为市场结构（Market Structure）、市场行为（Market Conduct）、市场绩效（Market Performance）相结合的三段式来进行研究。

其中，市场结构包括市场差异化程度、进入壁垒以及市场集中度等因素；市场行为包括区域策略、价格策略、产品策略和竞争策略等因素；市场绩效则指经营效果、资源配置效果等因素。

在协同创新方案评价中，选择最为重要的影响因素作为基本指标，主要包括市场占有率（M_1）、销售利润率（M_2）、利润增长率（M_3）等指标。

④ 质量性指标（Q）。主要是指创新产品在整个生命周期中，从产品功能、工业设计、产品生命周期、环境和服务等方面所涉及的影响因素，质量维度主要考虑的是产品"先天性优劣"这种至关重要的本质特性。

主要包括基本性能指标（Q_1）、运行可靠性（Q_2）、运行安全性（Q_3）、产品维修性（Q_4）、运行效率（Q_5）、产品生命周期（Q_6）、人因工程设计符合程度（Q_7）、人机交互性（Q_8）等指标。

⑤ 技术性指标（T）。主要是指产品协同创新过程中作为关键支撑的创新技术手段和创新工具等的完备程度，主要包括创新设计技术难度（T_1）、制造装配复杂程度（T_2）、创新技术掌握水平（T_3）、创新知识管理水平（T_4）等指标。

⑥ 协同性指标（P）。主要是指多创新主体在创新产品的概念设计中，与创新效率、协同效率等方面相关的影响因素，主要包括协同辅助工具完备程度（P_1）、协同创新平台支持程度（P_2）、多创新主体协同水平（P_3）等指标。

基于此，可建立协同产品创新中概念设计方案的评价指标体系，主要包括六个基本维度，分别为环境性指标（E）、成本性指标（C）、市场性指标（M）、质量性指标（Q）、技术性指标（T）、协同性指标（P），如图4.5所示。

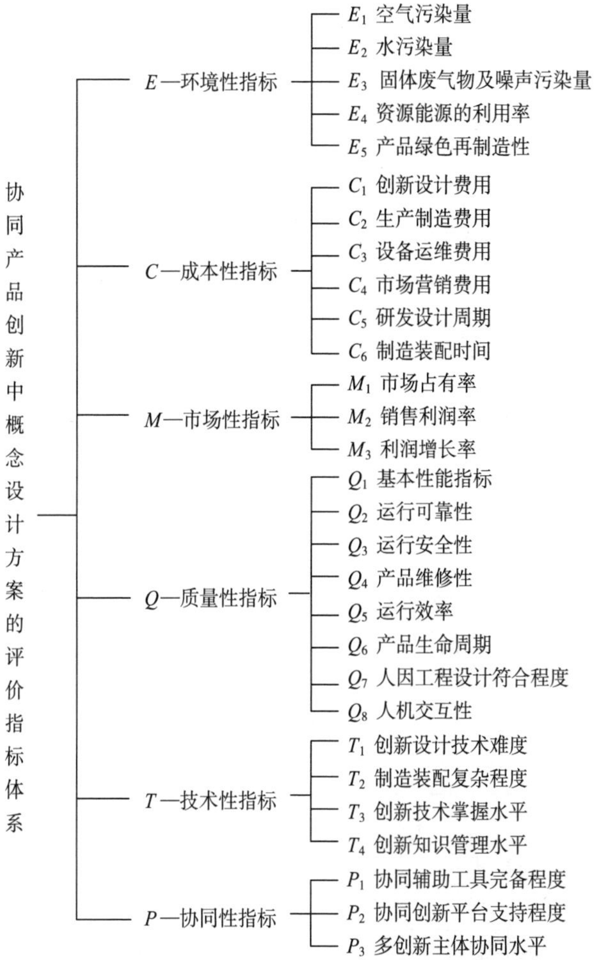
协同产品创新中概念设计方案的评价指标体系
E—环境性指标
E1 空气污染量
E2 水污染量
E3 固体废气物及噪声污染量
E4 资源能源的利用率
E5 产品绿色再制造性
C—成本性指标
C1 创新设计费用
C2 生产制造费用
C3 设备运维费用
C4 市场营销费用
C5 研发设计周期
C6 制造装配时间
M—市场性指标
M1 市场占有率
M2 销售利润率
M3 利润增长率
Q—质量性指标
Q1 基本性能指标
Q2 运行可靠性
Q3 运行安全性
Q4 产品维修性
Q5 运行效率
Q6 产品生命周期
Q7 人因工程设计符合程度
Q8 人机交互性
T—技术性指标
T1 创新设计技术难度
T2 制造装配复杂程度
T3 创新技术掌握水平
T4 创新知识管理水平
P—协同性指标
P1 协同辅助工具完备程度
P2 协同创新平台支持程度
P3 多创新主体协同水平

图 4.5　协同产品创新中概念设计方案的评价指标体系

Fig.4.5　Evaluation index system of the concept design schemes oriented to collaborative product innovation

4.3　基于粗糙集的评价指标的预处理方法

4.3.1　评价指标的混合量化

协同产品创新中概念设计方案的综合评价过程中，评价指标包括定性与定量指标，如协同辅助工具的完备程度、创新知识的管理等为定性指标，创新设计费用、创新设计时间等为定量指标。为保证全体评价指标的一致性与整体性、提升创新方案评价效率，分别对定量化指标和定性化指标采用不同的处理方法。

对于定量化指标，采用归一化方法进行处理，根据目前条件下具体指标的可选范围，确定出每个定量化指标的最大值（max）与最小值（min），其中成本型指标越小越好。收益型指标越大越好。两种情况分别按式(4.1)、式(4.2)进行归一化处理，使得 $0 \leqslant x_i \leqslant 1 (i=1,2,\cdots,n)$。

$$x_i = \frac{x_{i\max} - x_i}{x_{i\max} - x_{i\min}} \tag{4.1}$$

$$x_i = \frac{x_i - x_{i\min}}{x_{i\max} - x_{i\min}} \tag{4.2}$$

对于定性化指标，采用语言变量与模糊数学相结合的方式进行处理，定义语言变量集合 E 与相对应的数值集 O，如表4.1所示。

表4.1　评价语言变量

Table 4.1　Evaluation language variables

语言变量	模糊值
很差/很低	0~0.2
差/低	0.2~0.4
较好/较高	0.4~0.6
好/高	0.6~0.8
很好/很高	0.8~1.0

4.3.2　评价指标的预处理

4.3.2.1　粗糙集理论

粗糙集理论（Rough Sets Theory）是一种处理模糊和不确定性知识的数学工具，可以在满足一定分类精度的情况下，对属性集进行等价有效约简。粗糙集的属性约简不需要属性分布的任何先验信息，其结果更加客观[137]。因此，可以利用粗糙集理论解决协同创新方案评价指标的筛选问题，基本定义如下[138]：

定义 1　四元组 $IS = (U, A, V, f)$ 是一个信息系统。

其中，

$U = \{x_1, x_2, x_3, ..., x_n\}$ 为样本数据的非空有限集合，称为论域；

$A = C \bigcup D (C \bigcap D = \varnothing)$ 表示所有属性的有限非空集合；

C 和 D 分别代表条件属性和决策属性；

$V = \bigcup_{a \in A} V_a (1 \leqslant a \leqslant m)$ 表示信息函数 f 的值域，$V_a (1 \leqslant a \leqslant m)$ 为属性 a 的值域；

$f = \{f_a \,|\, f_a : U \to V_a (1 \leqslant a \leqslant m)\}$ 代表单一映射；

V_a 代表使论域 U 中任一对象的属性 a 具有唯一信息值。

定义 2　决策属性 D 对条件属性 C_i 依赖度 $\gamma_{c_i}(D)$ 为：

$$\gamma_{c_i}(D) = \frac{\mathrm{card}\,(\mathrm{pos}_{c_i}(D))}{\mathrm{card}\,(U)} \tag{4.3}$$

其中，$\mathrm{card}\,(\cdot)$ 表示集合的基数。

定义 3　条件属性 C_i 重要性 $S(C_i)$ 为

$$S(C_i) = \gamma_C(D) - \gamma_{(C - \{C_i\})}(D) \tag{4.4}$$

其含义为从条件属性集合 C 中剔除属性 C_i，然后考虑其决策属性的大小变化的程度。变化越大说明属性 C_i 越重要。

定义 4　如果属性 a 经约简后满足关系式

$$\frac{\partial^1}{\partial^0} < \xi$$

则认为属性 a 是可以约简的。其中，∂^1 为属性被约简后引入的不相容样本数；∂^0 为属性被约简前指标体系中样本的数量；ξ 为阈值。

4.3.2.2　基本步骤

对协同产品创新中概念设计方案评价指标进行筛选，基本步骤如下。

步骤1：样本数据的离散化。常用的处理方法有等距离划分法、等频率划分法、Naive Scaler算法、布尔逻辑算法等。本书采用等频率划分法。

步骤2：指标约简。通过约简属性，形成新的方案评价指标体系。

① 利用公式（4.3），确定综合评价 D 和评价指标 C_i，求 D 对于 C_i 的依赖度 $\gamma_{C_i}(D)$。

② 利用公式（4.4），计算指标 C_i 的重要性 $S(C_i)$。

③ 依据指标重要性 $S(C_i)$ 对指标 C_i 进行重要度排序，剔除重要性较小的指标。如果满足：

$$\frac{\partial^1}{\partial^0} < \xi$$

则对约简后属性重要度 $S(C_i)$ 较小的指标继续进行约简。

④ 否则，停止约简操作，得到新的客户协同设计方案评价指标集。

4.4 概念设计方案的R-A-WNN评价模型

小波神经网络（WNN）由法国IRISA机构于1992年提出，它是基于小波分析与BP网络的耦合而构造的一种新型前馈网络，用非线性小波函数代替神经元非线性激励函数，弥补了单纯神经网络容易陷入局部极值、收敛速度慢的不足，并且具有很强的非线性映射功能。该方法克服了传统评价模型对具体参数的依赖，具有更强的信息提取和非线性逼近能力，并有效减少评价中的模糊不确定性[139]。经过预处理的创新方案的评价指标值与综合评价值之间存在着一种内在、隐含的映射关系，可利用该方法寻求二者之间错综复杂的多元非线性映射关系[140]。

同时，蚁群算法模型（ACO）在求解复杂离散优化问题和连续参数优化问题上有明显优势，能提高最优解搜索效率以及搜索状态的随机性和多样性，且不受优化目标函数是否连续等因素的限制，因此可以较好地找到近似全局最优解[141]。

协同产品创新中概念设计方案的 R–A–WNN 评价模型基本思想为：利用粗糙集理论对数据进行前期预处理，通过小波神经网络构建基本网络模型，并利用蚁群算法模型对其中的关键参数进行同步优化。对其进行数学描述，具体如下。

Y_n 表示创新设计方案 n 的综合评价，$X_n = (x_n(1), x_n(2), \cdots, x_n(i))$ 表示经过预处理后的方案评价指标，其中，$x_n(i)$ 表示方案 n 的第 i 个影响因素的变量值。将 $X_n = (x_n(1), x_n(2), \cdots, x_n(i))$ 作为小波网络的输入变量，而将 Y_n 作为相应的小波网络的输出变量。

将样本对 (X_n, Y_n) 交给小波网络学习，并利用连续性蚁群算法对小波网络的关键参数进行寻优，即对小波网络进行训练，使其掌握各种评价指标对创新方案综合评价的影响程度及动态变化关系。

本书所采用的小波网络采用三层感知器结构，即输入层、隐含层及输出层，其中输入的节点数目等于用来评价客户的影响变量的个数，输出节点数目是一个，有效隐含层中节点个数由学习误差及样本个数共同决定，基本网络结构如图4.6所示。

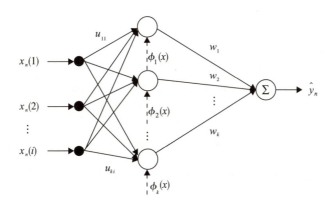

图4.6　协同产品创新中概念设计方案评价的基本网络结构

Fig. 4.6　The structure of WNN for the concept design schemes evaluation oriented to collaborative product innovation

其数学表达式可以描述为：

$$\hat{y}_n = \sum_{k=1}^{K} w_k \phi_k \frac{\sum_{i=1}^{S} u_{ki} x_n(i) - b_k}{a_k} \tag{4.5}$$

式中，$\hat{y}_n$ 为输出量，即创新设计方案综合评价；设 $x_n(i)$ 为决定评价结果的第 i 个输入量；n 为方案序号；ϕ_k 为小波函数；u_{ki} 和 w_k 为网络权重系数；b_k 和 a_k 分别为小波基的平移因子和伸缩因子；k 为小波基的个数。

其中，小波基函数采用余弦调制的高斯波–Morlet 小波，其在时域和频域均有较好的局部特性，表达式为：

$$\phi(x) = \cos(1.75x) e^{-x^2/2} \tag{4.6}$$

网络输出的均方差（MSE）为：

$$\text{MSE} = \frac{1}{2} \sum_{n=1}^{N} (y_n - \hat{y}_n)^2 \tag{4.7}$$

由于模型具有多变特性，要确定网络参数 $\Omega = \{u_{ki}, w_k, a_k, b_k, k\}$，使评价值 $\hat{y}_n$ 与真实值 y_n 拟合最优。采用多维函数优化的蚁群算法模型[142]，设 N 组人工蚂蚁，每组均有 s 只（与函数解空间的维数相等）蚂蚁，各组蚂蚁刚开始随机位于解空间的 $m_1 \times m_2 \times \cdots \times m_s$ 的等分区域某处，状态转移概率为：

$$p_{ul} = \begin{cases} (\tau_l)^\alpha (\eta_{ul})^\beta & \left(\text{if} \quad \eta_{ul} > 0, u, l \in \{1, 2, \cdots, m_1 \times m_2 \times \cdots \times m_s\} \text{且} u \neq l \right) \\ 0 & \left(\text{if} \quad \eta_{ul} \leqslant 0, u, l \in \{1, 2, \cdots, m_1 \times m_2 \times \cdots \times m_s\} \text{且} u \neq l \right) \end{cases} \tag{4.8}$$

其中，τ_l 为第 l 个区域的吸引强度，期望值 η_{ul} 为蚁群在区域 l 与区域 u 某处的目标函数差值，$\eta_{ul} = \sigma_u - \sigma_l$。区域 l 吸引强度的更新方程为：

$$\tau_l(t + 1) = \rho \tau_l(t) + \sum_{j=1}^{n} \Delta \tau_l^j \tag{4.9}$$

$$\Delta \tau_l^j = \begin{cases} \text{QL}_l^j & (\text{if} \quad L_l^j > 0) \\ 0 & (\text{if} \quad L_l^j \leqslant 0) \end{cases} \tag{4.10}$$

其中，L_l^j 表示本次循环中第 j 组蚂蚁在区域 l 局域搜索中目标函数值的变化量，$L_l^j = \sigma(x_{l0}^j) - \sigma(x_l^j)$，$\sigma$ 为样本标准偏差，

$$\sigma = \sqrt{\dfrac{\sum\limits_{n=1}^{n}(e_i - \bar{e})^2}{n-1}} \tag{4.11}$$

$\Delta \tau_l^j$ 表示第 j 组蚂蚁在区域 l 局域搜索中吸引强度的增加。处在区域 u 中的第 j 组蚂蚁行动规则为：当 p_{ul} 取得区域 u 最大值时，则进入区域 l 进行随机搜索；否则，继续在区域 u 中进行随机搜索。具体算法如下：

① 网络参数初始化。

输入与输出层小波神经元数分别为 S 与 L；

隐含层小波神经元数为 K；

依据具体应用问题对蚁群算法中的参数进行调整[16]；

最大循环次数 $N_{\max}$；

蚂蚁组数 N；

初始化信息量 $\tau_l(0) = c$，$\Delta \tau_l(0) = 0$；

设定初始信息启发因子 α，期望启发因子 β，信息素挥发系数 ρ；

函数解空间分区数 $m_1 \times m_2 \times \cdots \times m_s$，信息素强度 Q；

将网络连接权重系数 u_{ki} 和 w_k，小波函数的平移因子 b_k 和伸缩因子 a_k 分别赋以蚁群在解空间等分区域中的随机位置取值，循环次数 $N = 1$。

② 输入学习样本 $x_n(i)$ 及相应的期望输出 y_n。

③ 启动所有蚂蚁，每组蚂蚁根据计算的概率选择移动与搜索区域。

④ 利用各组蚂蚁所选择的参数值，计算 MSE 和 σ，并不断更新各区域的 τ_l。

⑤ $N = N + 1$，当 MSE 小于预先设定的逼近精度并趋于稳定时，小波神经网络达到最佳状态，停止循环。

⑥ 否则，转到第③步。

上述算法的主要特点为：

① 将蚁群算法与小波神经网络的各自优势进行耦合，用连续型蚁群算

法代替梯度下降法，以调节网络连接权重系数u_{ki}和w_k，以及小波函数的平移因子b_k和伸缩因子a_k。

② 采用小波网络的样本标准偏差作为蚁群算法的目标函数。对信息素进行更新，可以有效掌握网络的变化规律并得到网络最优参数。

综上所述，可得到基于R-A-WNN的协同产品创新中概念设计方案评价流程图，如图4.7所示。

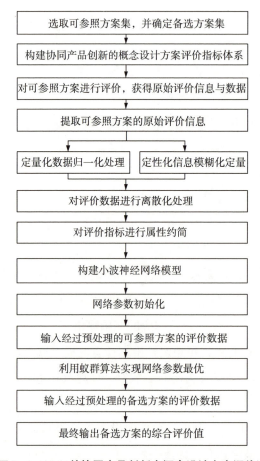

图 4.7 基于 R-A-WNN 的协同产品创新中概念设计方案评价流程图

Fig.4.7 The Flow chart of the concept design schemes evaluation oriented to

collaborative product innovation based on R-A-WNN

4.5　案例研究

应用本书所提出的基于 R-A-WNN 的协同产品创新中概念设计方案评价模型，对重庆市某企业的燃油喷射系统的协同创新设计方案进行选择，运用 Matlab 软件工具进行编程及系统仿真。

第一步，收集并整理创新主体已经完成的创新设计案例，作为样本数据，组织创新主体进行学习。对于定量化评价指标，可直接提取原始数据。对于定性化指标，利用创新主体的经验及知识，并结合实际情况对其进行评价。进而可通过对原始评价信息进行混合量化预处理，得到可参照方案的评价量化表，如表 4.2 所示。

表 4.2　参照方案的评价量化表
Table 4.2　The quantificational value of reference schemes evaluation

指标	参照方案 1	参照方案 2	参照方案 3	参照方案 4	参照方案 5	…	参照方案 16	参照方案 17	参照方案 18	参照方案 19	参照方案 20
E_1	0.68	0.64	0.92	0.71	0.67	…	0.18	0.53	0.69	0.67	0.29
E_2	0.37	0.31	0.89	0.42	0.20	…	0.50	0.47	0.47	0.14	0.76
E_3	0.06	0.69	0.08	0.44	0.40	…	0.74	0.11	0.31	0.47	0.62
E_4	0.79	0.52	0.64	0.76	0.12	…	0.71	0.50	0.07	0.52	0.63
E_5	0.90	0.91	0.29	0.44	0.34	…	0.17	0.18	0.82	0.39	0.97
C_1	0.87	0.58	0.60	0.35	0.09	…	0.49	0.12	0.76	0.14	0.14
C_2	0.13	0.77	0.45	0.48	0.82	…	0.93	0.25	0.72	0.84	0.23
C_3	0.88	0.49	0.99	0.97	0.70	…	0.80	0.16	0.70	0.93	0.71
⋮	⋮	⋮	⋮	⋮	⋮	⋮	⋮	⋮	⋮	⋮	⋮
T_1	0.49	0.52	0.78	0.54	0.53	…	0.30	0.86	0.27	0.94	0.21
T_2	0.76	0.65	0.93	0.42	0.52	…	0.24	0.71	0.51	0.81	0.40
T_3	0.93	0.75	0.33	0.97	0.99	…	0.07	0.71	0.06	0.80	0.03

续表

指标	参照方案1	参照方案2	参照方案3	参照方案4	参照方案5	…	参照方案16	参照方案17	参照方案18	参照方案19	参照方案20
T_4	0.55	0.26	0.04	0.28	0.91	…	0.73	0.84	0.67	0.27	0.63
P_1	0.63	0.00	0.89	0.07	0.60	…	0.88	0.85	0.29	0.86	0.79
P_2	0.52	0.73	0.74	0.83	0.78	…	0.87	0.12	0.08	0.05	0.45
P_3	0.98	0.01	0.40	0.15	0.55	…	0.72	0.51	0.42	0.27	0.01
综合评价	0.58	0.51	0.62	0.48	0.53	…	0.55	0.48	0.55	0.52	0.41

第二步，通过粗糙集理论对其进行约简，筛选出具有针对性的评价指标，并得到用于训练小波网络的20个创新方案样本的主要评价指标值和专家综合评价值，如表4.3所示。

表4.3 约简后的属性值表

Table 4.3 Attribute value table after reduction

指标	参照方案1	参照方案2	参照方案3	参照方案4	参照方案5	…	参照方案16	参照方案17	参照方案18	参照方案19	参照方案20
E_3	3	3	4	3	3	…	0	2	3	3	1
E_4	1	1	4	2	1	…	2	2	2	0	3
E_5	0	3	0	2	2	…	3	0	2	3	3
C_1	3	2	3	3	0	…	3	2	0	2	3
C_2	4	4	1	2	1	…	0	2	4	1	4
C_5	4	2	3	1	0	…	2	0	3	0	0
M_2	0	3	2	2	4	…	4	1	3	4	1
M_3	4	2	4	4	3	…	3	0	3	4	3
Q_2	2	2	3	2	2	…	1	4	1	4	1
Q_3	3	3	4	2	2	…	1	3	2	4	2
Q_6	4	3	1	4	4	…	0	3	0	4	0
Q_8	2	1	0	1	4	…	3	4	3	1	3

续表

指标	参照方案1	参照方案2	参照方案3	参照方案4	参照方案5	…	参照方案16	参照方案17	参照方案18	参照方案19	参照方案20
T_1	3	0	4	0	2	…	4	4	1	4	3
T_3	2	3	3	4	3	…	4	0	0	0	2
P_2	4	0	2	0	2	…	3	2	2	1	0
P_3	2	1	0	1	3	…	4	3	1	0	2
综合评价	3	0	4	2	2	…	1	0	1	2	2

第三步，利用表4.3中的数据对小波网络模型进行训练，并利用蚁群算法对网络参数进行优化，初始信息启发因子 α、期望启发因子 β、信息素挥发系数 ρ 及信息素强度 Q 等参数通过在参考范围内不断调整，取 $\alpha = 0.7$，$\beta = 0.1$，$\rho = 0.7$，$Q = 100$。经过112次迭代，可以得到期望的小波神经网络模型，隐含层节点数为10，误差精度达到0.0021。

第四步，协同产品创新中概念设计方案四个备选方案分别为A、B、C、D，将训练好的网络模型对上述四个方案进行综合评价。输入经过预处理的评价指标值，输出综合评价值分别为0.33、0.24、0.82、0.65，即选择方案C作为面向具体创新目标的协同产品创新中概念设计方案，计算结果见表4.4。

表4.4　协同产品创新中概念设计方案的综合评价结果

Table 4.4　Evaluation and selection of the concept design schemes oriented to collaborative product innovation

指标	方案A	方案B	方案C	方案D
E_3	0.18	0.58	0.17	0.53
E_4	0.72	0.23	0.44	0.25
E_5	0.13	0.81	0.75	0.24

续表

指标	方案 A	方案 B	方案 C	方案 D
C_1	0.23	0.28	0.76	0.98
C_2	0.22	0.31	0.14	0.14
C_5	0.56	0.93	0.44	0.69
M_2	0.13	0.28	0.48	0.53
M_3	0.32	0.79	0.37	0.19
Q_2	0.92	0.47	0.96	0.27
Q_3	0.50	0.71	1.00	0.76
Q_6	0.98	0.17	0.91	0.65
Q_8	0.62	0.77	0.63	0.66
T_1	0.25	0.17	0.43	0.00
T_3	0.17	0.48	0.14	0.15
P_2	0.42	0.27	0.87	0.15
P_3	0.55	0.51	0.85	0.41
综合评价	0.33	0.24	0.82	0.65

表4.5 不同网络模型训练误差的比较

Table 4.5 Comparison of training error of different network models

训练模型	隐含层节点数（点）	迭代次数（次）	训练误差
R-A-WNN	10	112	0.0021
WNN	21	2564	0.0084
BP	25	92500	0.0187

表4.5为不同网络模型训练误差的比较，可以看出该评价模型具有更少的隐层节点数和迭代次数，且训练误差大大减小。同时，通过对创新主体进行跟踪调研，发现利用该评价方法可充分挖掘并利用创新主体的创新知识和创新资源，最大化满足协同创新目标，在一定程度上提升了协同创新效率，具有较高的实用价值。

4.6　本章小结

本章提出了基于 R-A-WNN 的协同产品创新中概念设计方案评价模型。首先遵循科学性与系统性相结合、联系性与层次性相适应、目的性与可行性相统一的原则，建立了一套系统性、层次性、合理性的协同产品创新方案评价指标体系，该指标体系主要包括六个基本维度，分别为环境性指标（E）、成本性指标（C）、市场性指标（M）、质量性指标（Q）、技术性指标（T）、协同性指标（P）。在此基础上，构建了协同产品创新中概念设计方案评价的数学模型，基于粗糙集理论对评价指标和评价数据进行了规范处理及属性约简，进而利用小波神经网络构建出创新方案评价的基本网络模型，并通过蚁群算法模型对其中的关键网络参数进行了同步优化。实践表明，利用该评价模型，能够准确表示出评价指标与综合评价值之间的多元非线性映射关系，在充分利用分角色创新主体的创新经验和创新知识的基础上，实现了对协同产品创新中概念设计方案的系统评价与科学决策，为概念设计方案的选择提供了有效的理论支持与决策工具。

第5章　协同产品创新中基于参数驱动的概念设计方案优化研究

由于协同创新主体的创新基础和创新水平并不处在同一水平，创新理念和创新认知也不完全一致，因此国内外学者虽然通过评价阶段初选出可行的概念设计方案，但是协同创新主体对于此创新产品应该达到什么样的效果或程度并未形成统一的意见，难以有效指导创新主体在下一阶段的详细设计工作。因此，需要从产品整体的角度出发，充分利用不同创新主体的创新知识和创新经验，对产品关键参数的优化问题进行研究。首先，结合协同产品创新的概念设计的特点，对方案参数优化问题进行了描述。其次，构建了基于QFD理论协同产品创新中概念设计的方案参数优化模型，该模型充分利用分角色创新主体的创新知识和创新经验，解决了针对具体协同创新期望与概念设计方案参数之间的复杂映射问题。最后，通过实例研究，给出了具有最大满意度的概念设计方案的优化参数，验证了该方法及数学模型的有效性与可行性。

5.1　问题描述

现阶段的客户协同产品创新是包括客户、供应商、制造商和科研院校等在内的，具有多知识背景、多创新动机的分角色创新主体参与的设计过程。协同创新环境下的产品设计，由分角色创新主体共同完成，主要包括客户群体、专家团队、设计团队等不同的创新主体。一方面，由于创新主体的创新基础和创新理解的差异性，难以保证概念设计方案中的关键参数实现最优，从而无法有效指导分角色创新主体的下一阶段的详细设计工作；另一方面，不同创新主体在知识经验和创造技能等方面的不对称性，导致其创造力具有一定的局限性和模糊性，从而增加了产品创新概念设计方案优化的复杂程度。

因此，如何通过深度集成协同工作，从系统性上有效利用分角色创新主体的创新知识，发挥创新主体的价值和深层次创造力，实现从协同创新主体的创新期望到概念设计方案参数的映射与配置，从而开发出具有高度创新性和市场主导力的新产品，是优化产品创新概念设计方案时需要解决的重要问题之一。

在产品创新概念设计的优化过程中，分角色创新主体对创新方案本身有着不同的创新期望。对于具体的创新方案，可以将多维度的协同创新期望可用向量的形式予以描述：

$$Y = \{\, y_1, y_2, \cdots, y_m \}$$

同时，在协同创新环境中，创新方案包含一系列的参数，可选取其中的关键参数进行协同优化，表示为以下向量：

$$X = \{\, x_1, x_2, \cdots, x_n \}$$

在概念设计方案的优化过程中，关键参数的优化以实现协同创新主体的创新期望最大化为主要目标，需要考虑创新期望与关键参数之间的相关性约束条件。同时，各个关键参数之间可能会存在相互影响关系，则必须对其之间的相关性约束条件进行研究。除此之外，还包括一系列的一般性约束条件、关键参数的边界约束条件等。因此，在优化过程中需要对以上四种基本类型的约束条件进行综合考虑。综上所述，建立协同产品创新中概念设计的方案优化框架，如图5.1所示。

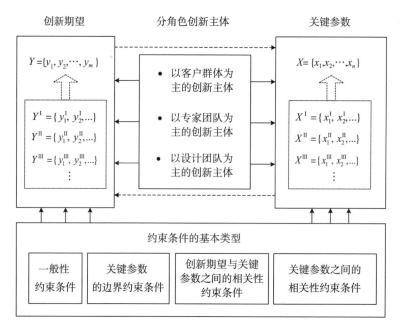

图5.1　协同产品创新中概念设计的方案优化框架

Fig. 5.1　Decision-making framework of conceptual design scheme oriented to

collaborative product innovation

　　如图5.1所示，该框架描述了协同产品创新中概念设计的方案优化问题中的各个组成部分及其相互关系。可以看出，协同产品创新中概念设计的方案优化过程是一个由多创新主体、多创新期望及多关键参数所组成的复杂协同过程，可将其归纳为从创新期望到方案关键参数的映射与配置过程，即在满足一定约束条件下，如何充分利用分角色创新主体的创新知识和创新经验，优化出协同创新主体创新期望满意度最大化的关键参数。

　　质量功能配置（QFD）理论将顾客需求转换成产品和零部件特征并配置到制造过程中，即通过直观的矩阵框架的表达形式，展示了顾客需求转换成产品和零部件特征并配置到制造的过程[143]。因此，可以利用QFD理论解决从创新期望到方案关键参数的映射与配置问题，从而优化出协同产品创新中概念设计的方案参数。

5.2　质量功能配置理论

5.2.1　基本概念

质量功能配置（Quality Function Deployment，QFD）是日本质量管理大师 Yoji Akao 与 Shigeru Mizuno 在 20 世纪 70 年代提出的[144]。由于 QFD 能够帮助企业降低 30%的研发设计时间成本，提高产品设计质量，并降低产品研发项目的投入成本，因而受到了世界各国学者及企业的普遍重视和广泛研究应用。QFD 的本质是确保产品设计满足顾客需求与价值，可以从以下三个角度来对其进行理解，具体包括：

① QFD 是一种系统化的技术方法，在用质量特性代替顾客需求的基础上，将设计质量标准展开到各功能载体、零部件或服务项目的质量上，以及各个制造工序或服务过程要素的相互关系上，以保证产品或服务的质量符合预先的标准，进一步满足顾客的实际需求[145]；

② QFD 是一种体系化的管理方法，通过一定的手段，将质量管理工作系统地、详细地、有步骤地进行展开[146]；

③ QFD 是一种主动型的设计方法，能够将顾客需求信息合理有效地转换为产品研发阶段的技术目标和控制工具，以保证产品的创新设计真正的满足顾客的需求[147]。

5.2.2　实现工具

QFD 是面向顾客需求的产品设计思想和规划方法，其实施首先需要正确理解和确定顾客需求，进而将顾客需求逐步地分解展开，最终获得产品的设计方案。QFD方法的核心是需求转换，其中最为重要的辅助工具是由美国学者Hauser和Clausing等于1988年提出的质量屋（House of Quality，HOQ）[148]，在实施过程中通过一系列矩阵变换来辅助执行。HOQ作为构建质量功能展开的基础工具，是QFD实施的精髓所在。

质量屋是由一个输入到一个输出的转换问题，提供一种将需求问题转化为技术特性、并配置到设计、实现过程中的结构方法[149]。通过质量屋可以确定用户需求和技术特性之间的相互关系，而关系矩阵可以用作需求获取和分析过程可视化、构造可视化模型的工具。质量屋的基本结构由6个部分组成[150]，如图5.2所示。

① WHATS输入项矩阵，一般包括顾客需求及其重要度，是质量屋的"什么"。顾客需求是通过市场调查和分析所得到的具体的顾客需求。顾客重要度是顾客对其各项需求进行的定量评分，以表明各项需求对顾客的重要程度；

② HOWS矩阵表示根据顾客需求和产品特性而制定的是技术需求（产品特征或工程措施），是质量屋的"如何"。技术需求是由顾客需求转换得到的可执行、可度量的技术要求或方法。

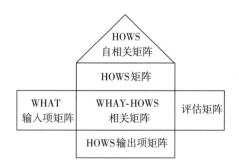

图5.2 质量屋的基本结构

Fig. 5.2 The basic structure of HOQ

③ WHATS-HOWS 相关矩阵，表示顾客需求和技术特性之间的关系。关系矩阵主要用来直观体现顾客需求与实现这一需求的技术特性（产品特征或工程措施）之间是否存在相互联系以及他们之间的联系程度。

④ HOWS 互相关矩阵，它表示 HOWS（技术特性）矩阵内各项目之间是否存在相互联系以及彼此之间的联系程度。技术特性互相关矩阵直观体现了各项技术特性（产品特征或工程措施）间的相互关系。

⑤ 评价矩阵，一般是指竞争性、竞争力、可行性分析比较，是从顾客的角度出发，通过顾客对产品或服务的满意度去评估判断产品或服务在市场上的竞争能力。

⑥ HOWS 输出项矩阵，一般包括技术特性重要度、技术特性水平值，以及技术竞争性评估等。通过定性和定量分析得到 HOWS 输出项矩阵，即实现了从"需求什么"到"怎样去做"的定性与定量转换。

5.3　基于 QFD 的方案参数优化模型过程分析

根据协同产品创新中概念设计的方案优化框架，优化过程由多创新主体共同参与，面向具体创新设计任务，共同确定协同创新期望，并选定需要进行优化的关键参数。在此基础上，创新主体根据自身的创新基础和创新知识，分别提出各自认为应该达到的关键参数值，并对每一组参数值进行满意度评价，再进行最终优化。借鉴 QFD 方法的思想，将分角色创新主体所提出不同的方案参数值及期望评判值，作为方案参数优化模型的输入条件，输出关键参数的最终优化值。由此，可建立协同产品创新中概念设计的方案参数优化质量屋，如图 5.3 所示。

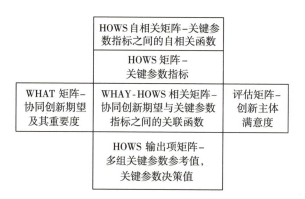

图5.3 协同产品创新中概念设计的方案参数优化质量屋

Fig.5.3 HOQ of decision-making of conceptual design scheme parameters oriented
to collaborative product innovation

如图5.3所示，协同产品创新中概念设计的方案参数优化质量屋由6个部分所组成，分别为：

① WHATS输入项矩阵为协同创新期望及其重要度；

② HOWS矩阵为协同创新主体共同确定的关键参数指标；

③ HOWS自相关矩阵为关键参数指标之间的自相关函数；

④ WHATS-HOWS相关矩阵协同创新期望与关键参数指标之间的关联性函数；

⑤ 评价矩阵为针对不同的协同创新期望，创新主体对方案参数的满意度；

⑥ HOWS输出项矩阵为多组关键参数参考值，以及最终确定的关键参数优化值。

根据协同产品创新中概念设计的方案参数优化质量屋，则可制定出方案参数优化的具体过程：

第一步，分角色创新主体通过协商，共同确定面向具体创新产品的创新期望及其重要度；第二步，选定协同创新概念设计的关键参数指标；第三步，基于创新需求和创新知识，并综合考虑自身的创新基础，分别提出多组关键参数的参考值；第四步，对各组关键参数的参考值进行综合评分，给出具体的满意度分值；第五步，根据创新方案的特点及特性，确定协同创新期望与关键参数指标之间的关联性；第六步，确定出关键参数指标之间的自相关性。

　　基于上述六个步骤的内容，可构建出质量屋模型，考虑到其中包含大量不同创新主体的显性知识和隐性知识，因此很难精确地对其进行量化描述。鉴于此，第七步，拟采用基于模糊回归理论，即采用模糊线性回归方法对模型中的约束条件进行求解；第八步，通过计算，优化出概念设计的方案关键参数值。如图5.4所示。

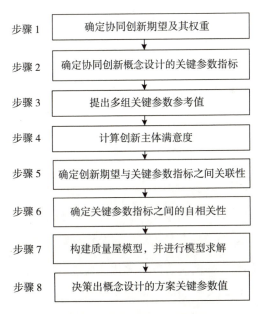

图5.4　协同产品创新中概念设计的方案参数优化过程

Fig.5.4　Decision-making process for scheme parameters of conceptual design

oriented to collaborative product innovation

通过以上8个步骤，可以充分利用客户与专业设计人员在知识结构和创新技能方面的不对称性，借助各种网络化协同工作环境、创新设计工具和知识融合手段，通过客户和专业设计人员之间的协同工作，集成所有创新主体的智慧和知识，将不同创新主体的创新优势进行互补并激发群体创造力，从而获得最优的概念设计方案关键参数值。

5.4 基于QFD的方案参数优化模型构建

5.4.1 目标函数的建立

根据协同产品创新中概念设计的方案参数优化质量屋及优化过程，设包含m个协同创新期望、n个关键参数，以及l组关键参数参考值，定义如下：

① 第i个协同创新期望的权重为w_i（$i = 0, 1, \cdots, m$）；

② 第j个关键参数值为x_j（$j = 0, 1, \cdots, n$）；

③ 面向第i个协同创新期望的创新主体满意度为y_i（$i = 0, 1, \cdots, m$）；

④ 第r组关键参数参考值为$\boldsymbol{X}_r = (x_{1r}, x_{2r} \cdots, x_{nr})^{\mathrm{T}}$（$r = 0, 1, \cdots, l$）。

分角色创新主体根据不同的创新任务和创新要求，通过协商确定出具体的创新期望指标和关键参数指标，对关键参数进行优化，即确定一组关键参数值，使得创新主体的满意度最大化。通过对各个创新主体的满意度分量进行加权转化，则建立协同产品创新中概念设计的方案参数优化目标函数：

$$\max Z = \sum_{i=1}^{m} w_i y_i \tag{5.1}$$

s.t.

$$y_i = f_i(\boldsymbol{x}) \tag{5.2}$$

$$x_j = g_j(\boldsymbol{x}) \tag{5.3}$$

$$x_j \in [x_j^{\min}, x_j^{\max}] \tag{5.4}$$

$$y_i \in [y_i^{\min}, y_i^{\max}] \tag{5.5}$$

$$i = 0, 1, \cdots, m \tag{5.6}$$

$$j = 0, 1, \cdots, n \tag{5.7}$$

其中，式（5.1）是协同创新主体满意度的加权和方程，为模型的目标函数，式（5.2）、式（5.3）分别为协同创新期望与关键参数指标之间的关联函数、关键参数指标之间的自相关函数。式（5.4）~式（5.7）描述了关键参数值及创新主体满意度的取值范围。另外，可能还存在其他一般性约束条件，可以根据实际情况建立适当的约束方程。

5.4.2　协同创新期望重要度的计算

协同创新期望重要度可采用层次分析法进行计算，根据具体创新方案的特点及创新主体的创新理解，确定出各个创新期望的权重。层次分析法的基本步骤可分为以下几步[151]。

5.4.2.1　建立问题的层次递阶结构

根据对协同创新期望进行分析，将所包含的因素分组，每一组作为一个层次，按照最高层、若干有关的中间层和最底层的形式排列起来，同时标明上下层元素之间的联系。建立起递阶层次结构，各层次间的递阶结构及各种需求的从属关系可用框图的形式来表示，该框图称为层次结构图。

5.4.2.2　建立比较判断矩阵

在层次结构图中，每一层次所含各因素均可用上一层次的一个因素作为比较准则来相互比较。为方便起见，往往采用两两比较的形式进行。当以上一层次某因素作为比较准则时，可用一个比较标准 a_{ij} 来表述某一层次

中第 i 个元素与第 j 个元素的相对重要性（或偏好优劣）的认识。取值一般为正整数 1,2,3,…,9 及其倒数。这样的 a_{ij} 构成的矩阵称为比较判断矩阵：

$$A=\left(a_{ij}\right)$$

基本规则为：

$a_{ij}=1$，本层次因素 i 与因素 j 相比，具有同样重要性；

$a_{ij}=3$，本层次因素 i 与因素 j 相比，i 比 j 稍微重要；

$a_{ij}=5$，本层次因素 i 与因素 j 相比，i 比 j 明显重要；

$a_{ij}=7$，本层次因素 i 与因素 j 相比，i 比 j 强烈重要；

$a_{ij}=9$，本层次因素 i 与因素 j 相比，i 比 j 极端重。

a_{ij} 取值也可取上述各数的中值 2，4，6，8 及其倒数。此外，若因素 i 与因素 j 比较得 a_{ij}，则因素 j 与因素 i 相比较可得，$a_{ij}=1/a_{ij}$。当相互比较的因素之重要性可用具有实际意义的比值来说时，a_{ij} 的取值即可取这个比值。

5.4.2.3　层次单排序及其一致性检验

对于每一个比较判断矩阵 A，可对应一个特征方程：

$$A \cdot W = \lambda_{max} W \qquad (5.8)$$

求解特征方程式（5.8）的最大特征根 λ_{max} 和对应的特征向量 W，然后将特征向量 W 归一化，得到的向量即可认为是同一层次各因素以上一层次因素为比较准则时，作为相互比较后的权重。这一过程称为层次单排序。进行一致性检验可通过计算一致性比例 C.R. 来决定，即

$$C.R. = C.I./R.I. \qquad (5.9)$$

$$C.I. = \left(\lambda_{max} - n\right)/(n-1) \qquad (5.10)$$

C.R. 为计算一致性比例；C.I. 为一致性指标；R.I. 为平均随机一致性指标，λ_{max} 为特征方程式（5.8）的最大特征根；n 为比较判断矩阵 A 的阶数，也即该层次所含的因素个数，R.I. 的取值见表5.1。

表5.1　平均随机一致性指标

Table 5.1　Mean Random Consistency Index

n	1	2	3	4	5	6	7	8	9
R.I.	0.00	0.00	0.58	0.90	1.12	1.24	1.32	1.41	1.45

5.4.3　创新主体满意度的计算

采用专家评分的方法，面向不同的协同创新期望，确定出协同创新主体对每一组关键参数值的满意度分值，见表5.2。

表5.2　满意度分值

Table 5.3　The score of satisfaction degree

分值	1	2	3	4	5
满意度	很不满意	不满意	一般	满意	很满意

通过加权和形式，计算出满意度综合评价值：

$$V = \sum_{i=1}^{m} w_i y_i \left/ \left(5 \sum_{i=1}^{m} w_i \right) \right. \tag{5.11}$$

5.4.4　约束条件的确定

由协同产品创新中概念设计的方案参数优化模型的目标函数可知，确定约束条件的重点在于确定出协同创新期望与关键参数指标之间的关联函数 f_i 与关键参数指标之间的自相关函数 g_i。其中，关联函数主要是协同创新期望与关键参数指标之间的是否存在一定的相关性，如某个协同创新期望会受到某项关键参数指标的影响，即确定为彼此相关，该项关键参数指标所对应的具体数据将作为优化的重要判断依据。与此同时，不同的关键参数指标之间往往会存在一定的影响作用，彼此互相相关。

由于优化信息存在着不确定性，导致协同创新主体的满意度、协同创新期望与关键参数指标之间的互相关关系以及关键参数指标之间的自相关关系存在着模糊性，这是该优化问题的难点。为此，引入模糊回归理论，在信息不充分、不完整的环境下，对本质上定性、主观、模糊的信息进行定量化描述，本书采用模糊线性回归理论确定。

通常取 $\tilde{A}_i$ 为对称三角模糊数，模糊线性回归模型[152-153]表示为：

$$\tilde{Y}_i = f(X, \tilde{A}_i) = \tilde{A}_{i0} + \tilde{A}_{i1} x_1 + \cdots + \tilde{A}_{in} x_n \qquad (5.12)$$

其中，$\tilde{Y}_i$ 表示面向第 i 个协同创新期望的创新主体满意度的模糊输出向量。$X = (x_1, \cdots, x_n)^T$ 是关键参数指标输入向量，为精确数据。$\tilde{A}_i = (\tilde{A}_{i0}, \tilde{A}_{i1}, \cdots, \tilde{A}_{in})$ 为模糊系数集。模糊线性回归分析可以定义为：给定一组精确数值 $\{x_1, y_1\}, \{x_2, y_2\}, \cdots, \{x_m, y_m\}$，求一组模糊系数 $\tilde{A}_{i0}, \tilde{A}_{i1}, \cdots, \tilde{A}_{in}$，使得式（5.12）能实现最优拟合，其中 y_{ik} 为面向第 i 个协同创新期望的满意度。

取对称三角模糊系数为 $\tilde{A}_{ij} = (a_{ij}^L, a_{ij}^c, a_{ij}^U)$，$a_{ij}^c$ 为 $\tilde{A}_{ij}$ 隶属度为 1 的情况，即 $\mu_{\tilde{A}_{ij}}(a_{ij}^c) = 1$。

a_{ij}^L 为取值左边界，a_{ij}^U 为取值右边界，$a_{ij}^c = \dfrac{1}{2}(a_{ij}^L + a_{ij}^U)$，如图5.5所示。

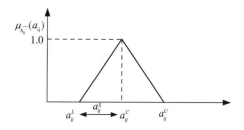

图5.5　对称三角模糊系数 $\tilde{A}_i$ 的隶属度函数

Fig.5.5　The membership function triangular fuzzy coefficient $\tilde{A}_i$

由图 5.5 可知，$a_{ij}^U - a_{ij}^C = a_{ij}^C - a_{ij}^L$，则三角模糊系数 $\tilde{A}_{ij}$ 可以表示为 $\tilde{A}_{ij} = (a_{ijC}, a_{ijS})$，其中 a_{ijc} 称为模糊数 $\tilde{A}_{ij}$ 的主值，表示 $\tilde{A}_{ij}$ 最可能的取值，a_{ijs} 为 $\tilde{A}_{ij}$ 的展值，表示 $\tilde{A}_{ij}$ 的取值精度。由此建立起三角模糊系数 $\tilde{A}_{ij}$ 的隶属度函数：

$$\mu_{\tilde{A}_{ij}}(a_{ij}) = \begin{cases} 1 - (a_{ij}^C - a_{ij})/a_{ij}^S & (a_{ij}^C - a_{ij}^S \leq a_{ij \leq} a_{ij}^C) \\ 1 - (a_{ij} - a_{ij}^C)/a_{ij}^S & (a_{ij}^C \leq a_{ij} \leq a_{ij}^C + a_{ij}^S) \\ 0 & (\text{otherwise}) \end{cases} \quad (5.13)$$

根据模糊运算法则和模糊扩展原理[154-155]，式（5.12）可表示为：

$$\tilde{Y}_i = f_i(X, \tilde{A}_i) = (f_i^c(X), f_i^S(X)) \quad (5.14)$$

并且可以得到：

$$f_i^C(X) = a_{i0}^C + a_{i1}^C x_1 + \cdots + a_{in}^C x_n$$
$$f_i^S(X) = a_{i0}^S + a_{i1}^S |x_1| + \cdots + a_{in}^S |x_n| \quad (5.15)$$

于是模糊输出 $\tilde{Y}_i$ 的隶属函数可以表示为：

$$\mu_{\tilde{Y}_i}(y_{ir}) =$$

$$\begin{cases} 1 - \dfrac{(\sum_{j=1}^n a_{ij}^C x_{jr} + a_{i0}^C) - y_{ir}}{a_{i0}^S + \sum_{j=1}^n a_{ij}^S |x_{jr}|} & (\sum_{j=1}^n a_{ij}^C x_{jr} + a_{i0}^C) - (a_{i0}^S + \sum_{j=1}^n a_{ij}^S |x_{jr}|) \leq y_{ir} \leq (\sum_{j=1}^n a_{ij}^C x_{jr} + a_{i0}^C) \\ 1 - \dfrac{y_{ir} - (\sum_{j=1}^n a_{ij}^C x_{jr} + a_{i0}^C)}{a_{i0}^S + \sum_{j=1}^n a_{ij}^S |x_{jr}|} & (\sum_{j=1}^n a_{ij}^C x_{jr} + a_{i0}^C) \leq y_{ir} \leq (\sum_{j=1}^n a_{ij}^C x_{jr} + a_{i0}^C) + (a_{i0}^S + \sum_{j=1}^n a_{ij}^S |x_{jr}|) \\ 0 & (\text{otherwise}) \end{cases} \quad (5.16)$$

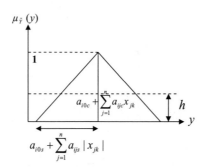

图 5.6　h-拟合度的模糊系数输出

Fig.5.6　Fuzzy output function with h-level set of a fuzzy number $\tilde{A}_{ij}$

对于任意给定的常数 $h\in[0，1]$，Fuzzy 线性回归问题就是确定 Fuzzy
模糊系数 $\tilde{A}_i$，其中满足 $(\forall i)(h_i^* \geq h)$，使得预测值 $\tilde{y}_i^*$ 的模糊度最小[156]，
如图 5.6 所示，此时问题可转化为模糊输出的展值之和最小来实现[157]：

$$\min Z = f_s(x_1) + \cdots + f_s(x_k) \tag{5.17}$$

s.t. $\qquad \mu_{\tilde{Y}_i}(y_{ik}) \geq h$；$k=1,\cdots,l$

式中，h 为模糊参数估计的拟合度，由工程技术人员根据实际确定，
则可以确定出协同创新期望与关键参数指标之间的关联函数 f_i：

$$\min Z = a_{i0s} + \sum_{j=1}^{n}[\, a_{ijs} \sum_{k=1}^{l}|x_{jk}|\,] \tag{5.18}$$

s.t.

$$(1-h)(a_{i0s} + \sum_{j=1}^{n}a_{ijs}|x_{jk}|) + a_{i0c} + \sum_{j=1}^{n}a_{ijc}x_{jk} \geq y_{ik}$$

$$(1-h)(a_{i0s} + \sum_{j=1}^{n}a_{ijs}|x_{jk}|) - a_{i0c} - \sum_{j=1}^{n}a_{ijc}x_{jk} \geq -y_{ik}$$

$$k=1,2,\cdots,l$$

$$a_{i0s}, a_{ijs} \geq 0, j = 1,\cdots,m$$

同理，可以得到关键参数指标之间的自相关函数 g_j：

$$\min Z = a_{j0s} + \sum_{\substack{u=1 \\ u \neq j}}^{n}[\, a_{jus} \sum_{k=1}^{l}|x_{uk}|\,] \tag{5.19}$$

s.t.

$$(1-h)(a_{j0s} + \sum_{\substack{u=1 \\ u \neq j}}^{n}a_{jus}|x_{uk}|) + a_{j0c} + \sum_{\substack{u=1 \\ u \neq j}}^{n}a_{juc}x_{uk} \geq x_{jk}$$

$$(1-h)(a_{j0s} + \sum_{\substack{u=1 \\ u \neq j}}^{n}a_{jus}|x_{uk}|) - a_{j0c} - \sum_{\substack{u=1 \\ u \neq j}}^{n}a_{juc}x_{uk} \geq -x_{ik}$$

$$k=1,2,\cdots,l$$

$$a_{j0s}, a_{jus} \geq 0, u = 1,\cdots,n$$

5.5 案例研究

以家用汽车的动力与制动系统的协同创新设计过程为例，重点是对概念设计方案的优化模型进行进一步的验证和分析，本次创新设计任务共有3位创新主体参与。

5.5.1 确定协同创新期望及其权重

分角色创新主体共确定了以下5项创新期望：① y_1 代表动力性好；② y_2 代表节油性优；③ y_3 代表安全性高；④ y_4 代表价格低；⑤ y_5 代表环境排放小，并通过层次分析法计算相对权重，及一致性检验，得出 $W = (0.38，0.24，0.17，0.11，0.10)^T$。

5.5.2 确定方案关键参数

通过市场调研，并结合创新主体的差异性需求，最终确定方案关键参数指标：x_1 为最高车速，km/h；x_2 为加速时间，s；x_3 为百公里油耗，L/(100km)；x_4 为价格，万元；x_5 为制动距离，m。

其中，x_1 是汽车的设计的最高车速，x_2 指由起步到车速至100km/h的加速时间，x_3 是指一般环境中90km/h下的百公里油耗，x_4 指汽车的出厂价格，x_5 为汽车以50km/h的速度行驶在柏油路面上的制动距离。

5.5.3 协同创新主体提出参数参考值

由不同创新主体提出自己的参数参考值，如表5.3所示。其中，max与

min分别表示在现有的技术条件支持下，关键参数所能达到的最大值与最小值，其中"−"表示参数越小越好，"+"参数越大越好。

$$x_j = \frac{x_j^{max} - x_j}{x_j^{max} - x_j^{min}} \tag{5.20}$$

$$x_j = \frac{x_j - x_j^{min}}{x_j^{max} - x_j^{min}} \tag{5.21}$$

表5.3　关键参数的参考值

Table 5.3　The reference values of key parameters

参数	x_1^+	x_2^-	x_3^-	x_4^-	x_5^-
创新主体a	192	11.2	8.5	12.68	13
创新主体b	176	14.6	8.3	11.28	15
创新主体c	172	13.5	9.3	12.08	14
max	200	15	10	13	18
min	160	10	8	11	10

将上述考参考值分别按式（5.20）、式（5.21）进行归一化处理，使得 $0 \le x_j \le 1$，j=1,2,…,n，如表5.4所示。

表5.4　归一化处理

Table 5.4　Normalization of the reference values

参数	x_1^+	x_2^-	x_3^-	x_4^-	x_5^-
创新主体a	0.80	0.76	0.75	0.16	0.625
创新主体b	0.40	0.08	0.85	0.86	0.375
创新主体c	0.30	0.30	0.35	0.46	0.500
max	1	1	1	1	1
min	0	0	0	0	0

5.5.4　创新主体满意度的计算

由分角色创新主体对 3 组关键参数进行评分，期望满意度分值如表 5.5 所示。

表 5.5　创新主体满意度

Table 5.5　The satisfaction of the innovation bodies

创新期望	权重	S_a	S_b	S_c	min	max
动力性好 E_1	0.38	0.78	0.57	0.48	0	1
节油性优 E_2	0.24	0.79	0.87	0.65	0	1
安全性高 E_3	0.17	0.85	0.66	0.72	0	1
价格低 E_4	0.11	0.76	0.93	0.81	0	1
环境排放小 E_5	0.10	0.72	0.76	0.65	0	1

利用式（5.11）计算出 3 种方案的协同创新期望满意度分别为 0.79，0.72，0.61。

5.5.5　确定关联性与自相关性

分角色创新主体根据创新产品特性与设计参数特点，确定出协同创新期望与关键参数指标之间的关联性与关键参数指标之间的自相关性，如图 5.7、图 5.8 所示。

图 5.7、图 5.8 直观地描述了协同创新期望与关键参数指标之间的关联性及关键参数指标之间的自相关性，利用式（5.18）、式（5.19），取 $h=0.5$，可分别确定其数学表达式，具体如下：

E_i ＼ x_j	最高车速x_1（km/h）	加速时间x_2（s）	百公里油耗x_3（L/100km）	价格x_4（万元）	制动距离x_5（m）
动力性好E_1	●	●			
节油性优E_2			●		
安全性高E_3					●
价格低E_4				●	
环境排放小E_5			●		

图5.7　协同创新期望与关键参数指标之间的关联性

Fig.5.7　The correlation between collaborative innovation expectations and key parameters

x_i ＼ x_u	最高车速x_1(km/h)	加速时间x_2（s）	百公里油耗x_3（L/100km）	价格x_4（万元）	制动距离x_5（m）
最高车速x_1(km/h)		○	○		
加速时间x_2（s）	○				
百公里油耗x_3（L/100km）	○				
价　格x_4（万元）					
制动距离x_5（m）					

图5.8　关键参数指标之间的自相关性

Fig. 5.8　The autocorrelation of key parameters

① 协同创新期望E_1与关键参数x_1、x_2之间的关联函数：

$$\min Z = a_{10s} + 1.5a_{11s} + 1.14a_{12s} \tag{5.23}$$

s.t.

$$0.5a_{10s} + 0.4a_{11s} + 0.38a_{12s} + a_{10c} + 0.8a_{11c} + 0.76a_{12c} \geqslant 0.78$$

$$0.5a_{10s} + 0.4a_{11s} + 0.38a_{12s} - a_{10c} - 0.8a_{11c} - 0.76a_{12c} \geq -0.78$$

$$0.5a_{10s} + 0.2a_{11s} + 0.04a_{12s} + a_{10c} + 0.4a_{11c} + 0.08a_{12c} \geq 0.57$$

$$0.5a_{10s} + 0.2a_{11s} + 0.04a_{12s} - a_{10c} - 0.4a_{11c} - 0.08a_{12c} \geq -0.57$$

$$0.5a_{10s} + 0.15a_{11s} + 0.15a_{12s} + a_{10c} + 0.3a_{11c} + 0.3a_{12c} \geq 0.48$$

$$0.5a_{10s} + 0.15a_{11s} + 0.15a_{12s} - a_{10c} - 0.3a_{11c} - 0.3a_{12c} \geq -0.48$$

② 协同创新期望 E_2 与关键参数 x_3 之间的关联函数：

$$\min Z = a_{20s} + 1.95a_{23s} \tag{5.24}$$

s.t.

$$0.5a_{20s} + 0.325a_{23s} + a_{20c} + 0.75a_{23c} \geq 0.79$$

$$0.5a_{20s} + 0.325a_{23s} - a_{20c} - 0.75a_{23c} \geq -0.79$$

$$0.5a_{20s} + 0.425a_{23s} + a_{20c} + 0.85a_{23c} \geq 0.87$$

$$0.5a_{20s} + 0.425a_{23s} - a_{20c} - 0.85a_{23c} \geq -0.87$$

$$0.5a_{20s} + 0.175a_{23s} + a_{20c} + 0.35a_{23c} \geq 0.65$$

$$0.5a_{20s} + 0.175a_{23s} - a_{20c} - 0.35a_{23c} \geq -0.65$$

③ 协同创新期望 E_3 与关键参数 x_5 之间的关联函数：

$$\min Z = a_{30s} + 1.5a_{35s} \tag{5.25}$$

s.t.

$$0.5a_{30s} + 0.3175a_{35s} + a_{30c} + 0.625a_{35c} \geq 0.85$$

$$0.5a_{30s} + 0.3175a_{35s} - a_{30c} - 0.625a_{35c} \geq -0.85$$

$$0.5a_{30s} + 0.1875a_{35s} + a_{30c} + 0.375a_{35c} \geq 0.66$$

$$0.5a_{30s} + 0.1875a_{35s} - a_{30c} - 0.375a_{35c} \geq -0.66$$

$$0.5a_{30s} + 0.25a_{35s} + a_{30c} + 0.5_{35c} \geq 1.5$$

$$0.5a_{30s} + 0.25a_{35s} - a_{30c} - 0.5_{35c} \geq -1.5$$

④ 协同创新期望 E_4 与关键参数 x_4 之间的关联函数：

$$\min Z = a_{40s} + 1.48a_{44s} \tag{5.26}$$

s.t.

$$0.5a_{40s} + 0.08a_{44s} + a_{40c} + 0.16a_{44c} \geq 0.76$$

$$0.5a_{40s} + 0.08a_{44s} - a_{40c} - 0.16a_{44c} \geq -0.76$$

$$0.5a_{40s} + 0.43a_{44s} + a_{40c} + 0.86a_{44c} \geq 0.93$$

$$0.5a_{40s} + 0.43a_{44s} - a_{40c} - 0.86a_{44c} \geq -0.93$$

$$0.5a_{40s} + 0.23a_{44s} + a_{40c} + 0.46a_{44c} \geq 0.81$$

$$0.5a_{40s} + 0.23a_{44s} - a_{40c} - 0.46a_{44c} \geq -0.81$$

⑤ 协同创新期望 E_5 与关键参数 x_3 之间的关联函数：

$$\min Z = a_{50s} + 1.95a_{53s} \tag{5.27}$$

s.t.

$$0.5a_{50s} + 0.325a_{53s} + a_{50c} + 0.75a_{53c} \geq 0.72$$

$$0.5a_{50s} + 0.325a_{53s} - a_{50c} - 0.75a_{53c} \geq -0.72$$

$$0.5a_{50s} + 0.425a_{53s} + a_{50c} + 0.85a_{53c} \geq 0.76$$

$$0.5a_{50s} + 0.425a_{53s} - a_{50c} - 0.85a_{53c} \geq -0.76$$

$$0.5a_{50s} + 0.175a_{53s} + a_{50c} + 0.35a_{53c} \geq 0.65$$

$$0.5a_{50s} + 0.175a_{53s} - a_{50c} - 0.35a_{53c} \geq -0.65$$

⑥ 关键参数 x_2 与关键参数 x_1 之间的自相关函数：

$$\min Z = a_{20s} + 1.5a_{21s} \tag{5.28}$$

s.t.

$$0.5a_{20s} + 0.4a_{21s} + a_{20c} + 0.8a_{21c} \geq 0.76$$

$$0.5a_{20s} + 0.4a_{21s} - a_{20c} - 0.8a_{21c} \geq -0.76$$

$$0.5a_{20s} + 0.2a_{21s} + a_{20c} + 0.4a_{21c} \geq 0.08$$

$$0.5a_{20s} + 0.2a_{21s} - a_{20c} - 0.4a_{21c} \geq -0.08$$

$$0.5a_{20s} + 0.15a_{21s} + a_{20c} + 0.3a_{21c} \geq 0.3$$

$$0.5a_{20s} + 0.15a_{21s} - a_{20c} - 0.3a_{21c} \geq -0.3$$

⑦ 关键参数 x_3 与关键参数 x_1 之间的自相关函数：

$$\min Z = a_{30s} + 1.5a_{31s} \tag{5.29}$$

s.t.

$$0.5a_{30s} + 0.4a_{31s} + a_{30c} + 0.8a_{31c} \geq 0.75$$

$$0.5a_{30s} + 0.4a_{31s} - a_{30c} - 0.8a_{31c} \geqslant -0.75$$

$$0.5a_{30s} + 0.2a_{31s} + a_{30c} + 0.4a_{31c} \geqslant 0.85$$

$$0.5a_{30s} + 0.2a_{31s} - a_{30c} - 0.4a_{31c} \geqslant -0.85$$

$$0.5a_{30s} + 0.15a_{31s} + a_{30c} + 0.3a_{31c} \geqslant 0.35$$

$$0.5a_{30s} + 0.15a_{31s} - a_{30c} - 0.3a_{31c} \geqslant -0.35$$

通过求解上述的线性规划方程，可确定出协同创新期望与关键参数之间的关联性及关键参数之间的自相关性，计算结果见表5.6。

表5.6　关联函数与自相关性函数计算结果

Table 5.6　Calculation results of correlation function and autocorrelation function

指标	截距	x_1	x_2	x_3	x_4	x_5
E_1	0.240	0.2	0.5			
E_2	0.478			0.44		
E_3	0.360					0.76
E_4	0.710				0.24	
E_5	0.564			0.22		
x_2	0.150	0.8				
x_3	0.320	0.8				

5.5.6　优化结果

通过上述步骤，则可构建出家用汽车的动力与制动系统概念设计的方案参数优化质量屋，具体如图5.9所示。

关键参数	X_1 +	X_2 −	X_3 −	X_4 −	X_5 −
X_1		○	○		
X_2	○				
X_3	○				
X_4					
X_5					

创新期望 ＼ 关键参数		最高车速	加速时间	百公里油耗	价格	制动距离	S_a	S_b	S_c	min	max
E_1—动力性好	0.38	●	●				0.78	0.57	0.48	0	1
E_2—节油性优	0.24			●			0.79	0.87	0.65	0	1
E_3—安全性高	0.17					●	0.85	0.66	0.72	0	1
E_4—低格低	0.11				●		0.76	0.93	0.81	0	1
E_5—环境排放小	0.10			●			0.72	0.76	0.65	0	1
单位		km/h	s	L/100km	万元	m	0.79	0.72	0.61	满意度	
参考值	a	192	11.2	8.5	12.68	13					
参考值	b	176	14.6	8.3	11.28	15					
参考值	c	172	13.5	9.3	12.08	14					
max		200	15	10	13	18					
min		160	10	8	11	10					
归一化	a	0.8	0.76	0.75	0.16	0.625					
归一化	b	0.4	0.08	0.85	0.86	0.375					
归一化	c	0.3	0.3	0.35	0.46	0.5					

图5.9 具体的概念设计的方案参数优化质量屋

Fig. 5.9 Details of the House of Quality of decision-making of conceptual design
scheme parameters

将上述计算数据代入目标函数，可以得到概念设计的方案参数优化的
规划方程：

$$\max V = 0.38y_1 + 0.24y_2 + 0.17y_3 + 0.11y_4 + 0.10y_5 \qquad （5.30）$$

s.t.

$$0.2x_1 + 0.5x_2 + 0.24 = y_1$$

$$0.44x_3 + 0.478 = y_2$$

$$0.76x_5 + 0.36 = y_3$$

$$0.24x_4 + 0.71 = y_4$$

$$0.22x_3 + 0.564 = y_5$$

$$0.8x_1 + 0.15 = x_2$$

$$0.8x_1 + 0.32 = x_3$$

$$0 \leqslant x \leqslant 1$$

$$0 \leqslant y \leqslant 1$$

表 5.7　关键参数的最终优化值

Table 5.7　The final decision value of the key parameters

V	y_1	y_2	y_3	y_4	y_5	x_1	x_2	x_3	x_4	x_5
0.89	0.825	0.918	1	0.95	0.784	0.85	0.83	1.00	1.00	0.84

计算结果如表 5.7 所示，优化值分别为 0.85、0.83、1.00、1.00、0.84，即最终确定产品特征参数指标为：最高车速为 194km/h、加速时间为 10.85s、百公里耗油为 11L、出厂价格为 11 万元、制动距离为 11.28m。利用该优化模型，确定出协同创新期望与产品特征参数之间的相关性约束条件、产品特征参数之间的互相关性约束条件，并最终确定出产品特征参数的优化值，使得期望满意度达到 0.89。

5.6　本章小结

面向协同产品创新概念设计的优化问题，提出了协同产品创新中基于参数驱动的概念设计方案优化框架和优化过程。在此基础上，构建了基于 QFD 理论的概念设计的方案参数优化模型。该模型能够帮助分角色创新主体在设计任务中，充分利用不同创新主体的创新知识和创新经验，解决从创新期望到方案关键参数的映射与配置问题，从而优化出具有最大满意度的概念设计方案的关键参数，进一步提升协同创新设计效率。最后，通过实例验证了该优化方法及数学模型的有效性与可行性。

第6章　协同产品创新中基于智能重组的
概念设计方案优化研究

协同产品创新活动中，概念设计方案是基于协同创新目标体系而建立的。其明显的优势在于充分利用协同创新主体的共同智慧和集体经验，而形成较为全面和系统的创新解决方案。其中存在的主要问题是，由于不同创新主体的创新需求具有差异性和层次性的特征，因此并不需要选择概念设计方案中的全部创新要素，致使已形成的概念设计方案并不完全适用于协同创新主体。与此同时，创新产品最终要靠市场的检验，而消费者对创新产品的了解主要来自于对产品功能的体验和直观感受。因此，在制定适合自身的产品创新的概念设计方案时，需要重点考虑市场定位和消费群体在创新方面的特殊需求，从功能层创新要素的角度出发，对概念设计方案进行优化。针对此问题，首先，为科学定位创新方案中的创新点，系统性研究了创新的基本类型，并提出其分类方法；其次，为定量化描述不同创新点的创新程度，提出了基于粗糙集理论的创新性评估方法；再次，在此基础上，提出基于智能重组的概念设计方案优化方法，利用其将所有创新主体的创新知识优化了产品创新概念设计方案，以满足特定企业的创新需求；最后，通过实例验证了该方法的可行性与有效性。

6.1　产品创新的基本类型研究

通过产品创新可以升级市场同质化产品结构，并构建产品核心竞争优势，使得市场满意度获得大幅提升，从而实现创新企业的可持续发展[158]。

产品创新一方面源于市场对于产品的创新需求，另一方面来自于创新主体的创新活动[159]。产品创新的动力从根本上说是创新技术推进和创新需求拉引共同作用的结果[160]。在现实的企业中，产品创新需要解决的重要问题之一，就是如何将市场需求和企业的技术创新相匹配，寻求风险收益的最佳结合点。产品创新是否成功，最终需要依靠消费市场的检验，因此，在进行产品创新概念设计时，可以通过对市场满意度进行预测、辅助协同创新主体进行产品创新的概念设计，以降低创新风险[161]。

从认知理论的观点出发，市场满意度可以被看成是一种理性的认知评价过程，强调了认知过程对市场满意度的影响。美国学者 Olive 在 1980 年提出了"Expectation-Effect"模型[162]，认为顾客在购买产品前会形成自己的期望标准，而消费后顾客将自己的实际感知同期望标准进行比较，其中所产生的差距大小和方向决定了顾客对产品的满意程度[163]。

借鉴"Expectation-Effect"模型的思想，可以通过市场对于产品的预期创新期望与实际创新效果之间的对比，反映出市场对于创新产品的满意程度[164-165]。

具体表现为[166]，面向产品创新，如果实际效果与预期期望相符合，用户将感到满意；如果超过预期期望，则很满意；如果未能达到预期期望，则不满意或很不满意。实际创新效果与预期创新期望之间的差距越大，不满意的程度也就越大，反之亦然。而提供用户所没有想到的创新产品，则会带来特别的惊喜[167]。

由此可知，市场满意度是用户对所购创新产品的预期期望与实际效果之间对比的最真实反映。基于此，可将产品创新分为四大类型，包括基本创新、重要创新、关键创新和简单创新。同时，产品创新水平将直接影响到市场满意度的动态变化，如图 6.1 所示，其中横坐标为"产品创新水平"，纵坐标为"市场满意度"。

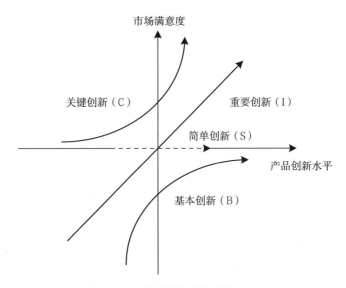

图6.1 产品创新的基本类型

Fig. 6.1 The basic types of product innovation

① 基本创新（Basic Innovation）。基本创新是指市场期望产品"必须要"具有的创新。如果未达到市场预期，市场满意度将会急剧降低；如果达到，市场满意度并不会随着此类创新水平的提高而显著提升[168]。主要原因在于，此类创新所表现出的是市场在产品创新方面的最基本要求，即认为产品应具备某项创新以弥补原有功能或设计上的不足。如果创新产品在这些方面未有提升，用户就会很不满意；相反，当产品完全满足基本要求时，用户已将其理解为产品应有的基本功能，并不会表现出特别满意。

② 重要创新（Important Innovation）。重要创新与市场满意度成线性函数关系，此类创新的水平越高，市场满意度将呈线性增加。具体表现为，如果此类创新在新产品中得以实现，市场满意度会显著增加，反之市场的不满也会显著增加。区别于基本创新，重要创新并不是产品"必须要"具备的创新，但它是市场关注和期望的重点，同时也是创新主体获取核心竞争优势的关键点。因此，为不断满足市场需求的新趋势及新要求，创新主

体在全面准确把握市场需求动态变化的基础上，在产品设计中必须对此类型创新予以特别关注。

③ 关键创新（Crucial Innovation）。关键创新是指市场未预料到的创新设计，这种创新往往具有独特性和前沿性，无论在任何水平，都会提高市场满意度。当此类创新在产品设计中得以体现，即使表现并不完善，也能使得市场满意度急剧提高；同时，若不具备此类创新，也不会带来市场的不满。因为关键创新往往由行业内处于领先地位的创新主体所提出，利用其所拥有的领先技术或创新手段进行产品的创新设计，以引导市场的潜在创新需求。

④ 简单创新（Simple Innovation）。简单创新是指对某产品所进行的一些简单性的改良或者变化，但是市场对于此类创新不关心或不感兴趣，因此此类创新并不会影响市场满意度的变化。

6.2　创新类型的确定

在协同创新的过程中，通过评价而形成的产品创新的概念设计方案，均包括多项创新元素，本书将其定义为"创新点"。为科学提炼多角色创新主体所提方案中的创新点，以保证创新知识的一致性与整体性，必须利用全体创新主体的创新知识，在共同参与的前提下确定创新基本类型，具体步骤如图6.2所示。

6.2.1　识别创新类型

对某项具体的创新点，创新主体分别对其进行最初识别，分别标记为：B（基本创新）、I（重要创新）、C（关键创新）、S（简单创新）。创新主体的最初识别结果将受到三个方面的影响：一是创新主体自身的创新环境与创新基础；二是创新主体的创新理念与创新思路；三是由于受到其他创新主体的影响，创新主体对具体创新产品及其市场的理解与判断会发生动态变化。

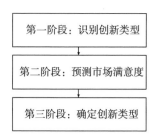

图6.2　创新类型确定的基本步骤

Fig.6.2　The basic steps of innovation type's determination

6.2.2　预测市场满意度

根据创新主体所提供的最初识别结果，预测某项创新点对市场的影响程度，分别记为S_i和D_i。其中，S_i表示当产品具备某项创新时对市场满意度的影响程度，D_i表示当产品不具备某项创新时对市场满意度的影响程度[169-170]，分别用式（6.1）、式（6.2）进行计算：

$$S_i = \frac{n_i(\mathrm{C}) + n_i(\mathrm{I})}{n_i(\mathrm{C}) + n_i(\mathrm{I}) + n_i(\mathrm{B}) + n_i(\mathrm{S})} \tag{6.1}$$

$$D_i = \frac{n_i(\mathrm{B}) + n_i(\mathrm{I})}{n_i(\mathrm{C}) + n_i(\mathrm{I}) + n_i(\mathrm{B}) + n_i(\mathrm{S})} \tag{6.2}$$

其中，$n_i(\mathrm{C})$表示有n位创新主体认为第i个创新点是C类创新，即为关键创新；相应地，$n_i(\mathrm{I})$、$n_i(\mathrm{B})$、$n_i(\mathrm{S})$分别表示其他三种类型创新的评判数。

如式（6.1）所示，将$n_i(\mathrm{C})$与$n_i(\mathrm{I})$之和作为分子，主要考虑的是当某种创新产品中具有重要创新和关键创新时，将会极大地提升市场满意度；

而创新产品中具有基本创新和简单创新，并不能显著提升市场满意度。

如式（6.2）所示，将$n_i(B)$与$n_i(I)$之和作为分子，是因为当某种创新产品中不具有重要创新和基本创新时，将会极大地降低市场满意度，而缺失关键创新和简单创新，并不会带来市场满意度的大幅度下降。

6.2.3　确定创新类型

通过式(6.1)、式(6.2)可以分别计算出每一个创新点的S_i值和D_i值，亦可知S_i、$D_i \in (0,1)$。为定量区分创新类型，可根据不同的创新产品的具体特征及市场调研情况，选取S_i与D_i的分界值$k(0<k<1)$。当$k=0.5$时，四种基本创新类型呈以下四个象限分布，如图6.3所示。

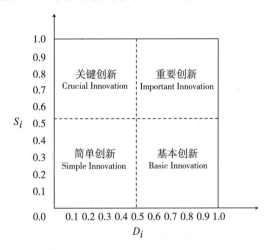

图6.3　创新类型的象限分布

Fig. 6.3　Quadrant distribution of innovation types

根据创新类型的象限分布结果，可以判别出其创新类型：

① 当$0<S_i<0.5$，$0<D_i<0.5$时，将其判别为"简单创新"；

② 当$0<S_i<0.5$，$0.5<D_i<1.0$时，将其判别为"基本创新"；

③ 当$0.5<S_i<1.0$，$0<D_i<0.5$时，将其判别为"关键创新"；

④ 当 $0.5 < S_i < 1.0$，$0.5 < D_i < 1.0$ 时，将其判别为"重要创新"。

同时，由图 6.3 可知，四种创新类型中，重要创新对 S_i 和 D_i 的影响程度最大，而简单创新对 S_i 和 D_i 的影响程度最小。

在客户协同创新设计中，通过对每项创新点的分类识别，可以帮助创新主体正确把握自身产品所需具备的关键创新要素。然而对于不同的创新类型，均包含多项创新点，需要进一步对同一类型中多个创新点的创新性进行定量评估，使得创新主体能够准确评价每一项创新点的创新水平，以帮助其形成最合理的概念设计方案，从而设计出满足不同市场目标定位的创新产品。

6.3 创新性的定量评估

6.3.1 粗糙集理论

波兰学者 Pawlak 于 1982 年提出了粗糙集理论[171]，它是一种有效地分析处理不精确、含糊信息的数据分析理论及数学工具[172]。粗糙集理论得以广泛应用的重要原因是它不需要提供除问题所需数据之外的任何先验信息。基于粗糙集的基本原理，粗糙数和粗糙边界区间的概念被提出[173]。粗糙数与模糊数在形式上具有相似性，二者均为一组包含上下限的闭合区间。区别主要在于，粗糙数的上下限是根据现有的信息数据而计算出来的，而模糊数的隶属函数上下限是预先设定为某个固定的数值[174]。与模糊数的计算方法相比较，粗糙数的优势主要体现在以下两个方面：

① 由粗糙数计算得出的数据信息能够更好地反映出创新主体的真实感知，并保持了创新过程中数据的客观性；

② 粗糙数同时考虑了多个创新主体的真实感知，从而可以从整体上处

理不分明性和主观性的信息。

对创新性的定量评估，实际上是对同一类型中的创新点进行层次性划分，由于创新本身是一种前沿性的探索设计，无法从市场上获取准确的反馈数据，因此其本质上属于一类模糊和不确定的问题，必须依靠协同创新主体的创新知识和集体智慧来对其进行判断。而粗糙集理论正是以数据本身所包含的信息为出发点，在没有任何附加信息和先验知识的条件下，进行数据推理，从中发现隐性知识和内在规律，对数据的内在关系进行分析和判断。

因此，可以利用粗糙集理论，对同一类型中的创新点的创新性进行有效分析和客观处理。

基于此，结合产品创新的基本类型，提出了基于粗糙集理论的创新性定量评估方法，基本定义如下[175]：

定义 1　设 R 为非空有限集合，由全体创新主体所提出的创新性评判数据所构成；Y 是 R 中任意一个创新性评判项，评判值为 C；依据评判值 C 的不同，可将 R 分成 n 个划分；若 $C_1 < C_2 < \cdots < C_n$，则对于其中的任何一个划分 C_i，$1 \leqslant i \leqslant n$，其下近似集与上近似集可分别定义为：

$$\underline{\text{Apr}}\,(C_i) = \bigcup \{Y \in R / C(Y) \leqslant C_i\} \tag{6.3}$$

$$\overline{\text{Apr}}\,(C_i) = \bigcup \{Y \in R / C(Y) \geqslant C_i\} \tag{6.4}$$

则其边界区域为：

$$\text{BND}\,(C_i) = \bigcup \{Y \in R / C(Y) \neq C_i\} = \{Y \in R / C(Y) > C_i\} \bigcup \{Y \in R / C(Y) < C_i\} \tag{6.5}$$

定义 1 中利用上下近似集的形式来描述序列的划分。其中，对于集合 R 中的任一划分 C_i，其下近似集包含了集合中小于或等于 C_i 的所有对象；同时，上近似集包含了同样集合中大于或等于 C_i 的所有对象。C_i 的边界区域包含了同样集合中不同于 C_i 的所有对象。基于上述定义，可以得出粗糙数的上限与下限，粗糙边界区间以及粗糙数的定义。

定义 2 集合 R 中的任何一个模糊划分 C_i 可用粗糙数来表示，其中上、下近似集合中所包含的创新性评判项数目分别为 l、m，则其粗糙上限和粗糙下限可描述为：

$$\underline{\text{Lim}}\ (C_i) = \frac{1}{l} \sum C(Y)\ \Big|\ Y \in \underline{\text{Apr}}\ (C_i) \tag{6.6}$$

$$\overline{\text{Lim}}\ (C_i) = \frac{1}{m} \sum C(Y)\ \Big|\ Y \in \overline{\text{Apr}}\ (C_i) \tag{6.7}$$

定义 3 上下限之间的区间称为粗糙边界区间，可表示为：

$$\text{RBND} = \overline{\text{Lim}}\ (C_i) - \underline{\text{Lim}}\ (C_i) \tag{6.8}$$

同时，集合 R 中的任一划分可用粗糙数进行描述，数学表达式为：

$$\text{RN}(C_i) = [\ \overline{\text{Lim}}\ (C_i), \underline{\text{Lim}}\ (C_i)\ ] \tag{6.9}$$

6.3.2　基于粗糙集的创新性定量评估方法

由于粗糙数得出的信息能更好地反映出不同创新主体的真实感知，保留原始数据的客观性，并可兼顾所有创新主体的差异性判断，具有较好的协同性。同时，粗糙区间能够反映出所有创新主体对创新项目的全面认识，使得评估结果更具整体性。因此，可利用粗糙数和粗糙边界区间理论定量评估属于同一类型的多项创新点的创新性，具体步骤如图6.4所示。

6.3.2.1　构建创新型AHP比较矩阵

获得全体创新主体的创新性评判数据。假设 n 项创新点属于同一创新类型，有 s 位创新主体共同参与对其评估，构建AHP比较矩阵，可得到 s 个比较矩阵：

$$\boldsymbol{A}_m = \begin{pmatrix} 1 & x_{12}^m & \cdots & x_{1n}^m \\ x_{21}^m & 1 & \cdots & x_{2n}^m \\ \vdots & \vdots & \ddots & \vdots \\ x_{n1}^m & x_{n2}^m & \cdots & 1 \end{pmatrix} \quad (m \in [\,1, s\,]) \tag{6.10}$$

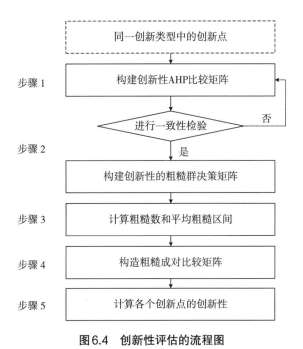

图6.4 创新性评估的流程图

Fig. 6.4 The flow chart of innovation assessment

对比较矩阵进行一致性检验，一致性指数（CI）可由方程 CI = $(\lambda_{max} - m)/(m-1)$ 计算得出，其中：λ_{max} 是矩阵 **A** 的最大特征值，m 是矩阵的维数。通常，用一致性比率（CR）来评估成对比较矩阵的一致性，CR=CI/RI。其中 RI 称为随机指数，取决于矩阵的维数 m。当 CR>0.1 时，需要重新进行评判，否则即认为判断是一致的。

6.3.2.2 构建创新性的粗糙群决策矩阵

当 s 个比较矩阵通过一致性检验时，则可构建创新性的粗糙群决策矩阵 A^*：

$$A^* = \begin{pmatrix} 1 & X_{12}^* & \cdots & X_{1n}^* \\ X_{21}^* & 1 & \cdots & X_{2n}^* \\ \vdots & \vdots & \ddots & \vdots \\ X_{n1}^* & X_{n2}^* & \cdots & 1 \end{pmatrix} \tag{6.11}$$

其中，$X_{ij}^* = \left\{ x_{ij}^1, x_{ij}^2, \cdots x_{ij}^s \right\} \left(1 \leqslant i \leqslant n, 1 \leqslant j \leqslant n, i \neq j \right)$。

6.3.2.3 计算粗糙数和平均粗糙区间

根据粗糙集理论的运算法则，求出粗糙决策矩阵中各元素的粗糙数和平均粗糙区间。其中，包含不同创新主体评估数据的粗糙数为：

$$RN\left(x_{ij}^* \right) = \left\{ \left[x_{ij}^{1-}, x_{ij}^{1+} \right], \left[x_{ij}^{2-}, x_{ij}^{2+} \right], \cdots, \left[x_{ij}^{s-}, x_{ij}^{s+} \right] \right\} \tag{6.12}$$

基于粗糙集理论，粗糙数的运算法则如下[176]：

设任意两个粗糙数为 $RN_m = \left[H_m, V_m \right]$、$RN_n = \left[H_n, V_n \right]$，其中 H_m 和 H_n 分别是两个粗糙数的下限，V_m 和 V_n 分别是两个粗糙数的上限，$H_m, H_n, V_m, V_n \in R^+$，$k$ 为非零常数，则有：

$$RN_m + RN_n = \left[H_m, V_m \right] + \left[H_n, V_n \right] = \left[H_m + H_n, V_m + V_n \right] \tag{6.13}$$

$$RN_m - RN_n = \left[H_m, V_m \right] - \left[H_n, V_n \right] = \left[H_m - H_n, V_m - V_n \right] \tag{6.14}$$

$$RN_m \times RN_n = \left[H_m, V_m \right] \times \left[H_n, V_n \right] = \left[H_m \times H_n, V_m \times V_n \right] \tag{6.15}$$

$$k \times RN_m = k \times \left[H_m, V_m \right] = \left[k \times H_m, k \times V_m \right] \tag{6.16}$$

基于上述运算法则，可以得出包含不同创新主体评估数据的平均粗糙区间为：

$$RN\left(X_{ij}^* \right) = \left[x_{ij}^-, x_{ij}^+ \right] \tag{6.17}$$

其中，

$$x_{ij}^- = \left(x_{ij}^{1-}, x_{ij}^{2-} + \cdots + x_{ij}^{s-} \right) / s \tag{6.18}$$

$$x_{ij}^+ = \left(x_{ij}^{1+}, x_{ij}^{2+} + \cdots + x_{ij}^{s+} \right) / s \tag{6.19}$$

$$1 \leqslant i \leqslant n, 1 \leqslant j \leqslant n, i \neq j \tag{6.20}$$

6.3.2.4 构建粗糙成对比较矩阵

利用所求得的粗糙群决策矩阵各元素的粗糙数和平均粗糙区间，可构建粗糙成对比较矩阵：

$$X = \begin{pmatrix} [\,1,1\,] & [\,x_{12}^-,x_{12}^+\,] & \cdots & [\,x_{1n}^-,x_{1n}^+\,] \\ [\,x_{21}^-,x_{21}^+\,] & [\,1,1\,] & \cdots & [\,x_{2n}^-,x_{2n}^+\,] \\ \vdots & \vdots & \ddots & \vdots \\ [\,x_{n1}^-,x_{n1}^+\,] & [\,x_{n2}^-,x_{n2}^+\,] & \cdots & [\,1,1\,] \end{pmatrix} \tag{6.21}$$

⑤ 计算各个创新点的创新性评估值

将粗糙成对比较矩阵 X 分解为粗糙上、下边界矩阵 X^+ 和 X^-，分别为：

$$X^+ = \begin{pmatrix} 1 & x_{12}^+ & \cdots & x_{1n}^+ \\ x_{21}^+ & 1 & \cdots & x_{2n}^+ \\ \vdots & \vdots & & \vdots \\ x_{n1}^+ & x_{n2}^+ & \cdots & 1 \end{pmatrix}, \quad X^- = \begin{pmatrix} 1 & x_{12}^- & \cdots & x_{1n}^- \\ x_{21}^- & 1 & \cdots & x_{2n}^- \\ \vdots & \vdots & & \vdots \\ x_{n1}^- & x_{n2}^- & \cdots & 1 \end{pmatrix} \tag{6.22}$$

分别求其特征值和特征向量：

$$W^- = \left(w_1^-, w_2^-, \cdots w_n^- \right)^{\mathrm{T}}, \quad W^+ = \left(w_1^+, w_2^+, \cdots w_n^+ \right)^{\mathrm{T}} \tag{6.23}$$

对其进行归一化，分别为：

$$f_i^- = w_i^- \Big/ \sum_{i=1}^{n} w_i^-, \quad f_i^+ = w_i^+ \Big/ \sum_{i=1}^{n} w_i^+ \tag{6.24}$$

则可得到最终的创新性评估值：

$$f_i = \frac{1}{2} \left(\left| f_i^- \right| + \left| f_i^+ \right| \right) \tag{6.25}$$

创新性的定量评估过程，数据信息来自于多位创新主体的实际调查，无须任何先验信息或者假设，保证了数据的客观性。特别对于数据中隐含的不确定性和模糊性，采用了包含上下限的粗糙边界区间的形式来表示，体现了知识挖掘的本质。

6.4   基于智能重组的概念设计方案优化方法

客户协同设计由具有多知识背景、多创新动机的分角色创新主体共同参与的复杂创新过程。面向协同创新概念设计目标体系，通过协同创新主体共同参与的创新方案生成与方案评价，通常可形成可行的概念设计方案，将方案中的创新点进行有机的系统性结合，即通过将概念设计方案中的创新点的类型判别与创新性评估，按照设定好的准则进行智能重组，可以优化为满足不同创新主体特定需求的产品创新概念设计方案。由于不同的创新主体自身市场地位、创新需求不同，同时创新主体需要综合考虑自身的创新基础以及技术资金的支持条件，因此不同的创新主体可根据自身的创新目标与实际情况，有侧重地从中选择出所需要的创新点，从而制定出适合自身的产品创新概念设计方案。基于此，为满足不同创新主体的特定创新需求，以创新类型为基本出发点，提出了基于智能重组的概念设计方案方法。

其基本思路为：对产品创新概念设计方案进行分析，从而形成备选的创新点集合，站在全局性的高度明晰产品的创新思路。从市场满意度的角度出发，利用市场调研数据对其中的每项创新点进行创新类型确定，进而对同一创新类型中的各项创新点进行创新性评估，以保证协同创新主体能够准确把握不同创新点的创新地位和创新层次；进一步根据不同客户群体的基本特点，制定出相应的重组规则，进而从中有针对性的筛选出不同的创新点，并最终优化为特定的产品创新概念设计方案，以满足不同的客户群体的创新需求。产品创新概念设计方案智能重组优化的基本过程如图6.5所示。产品创新概念设计方案智能重组优化的基本过程主要包括以下4个步骤。

步骤1：面对一项具体的协同产品创新设计项目，分角色创新主体通过调研市场环境、分析客户群体、研究竞争优势等前期准备工作，通过协同创新主体共同参与的创新方案生成与方案评价，形成可行的产品创新概念设计方案，并对其进行分析与整理，经归并处理后形成备选创新点的集合Z。

步骤2：由全体创新主体共同参与，利用6.2节中所提出的产品创新的分类方法，针对具体产品的特征，结合基本创新、重要创新、关键创新及简单创新四大基本创新类型的内涵，确定出备选创新点集合中的全部创新点的创新类型。

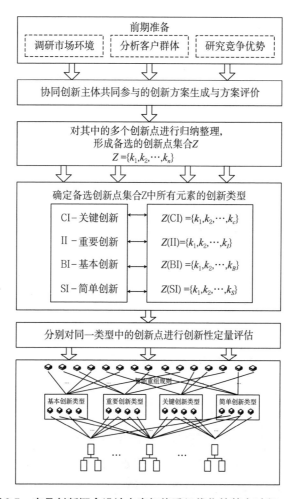

图6.5 产品创新概念设计方案智能重组优化的基本过程

Fig. 6.5 The basic steps of intelligent restructuring optimization of the concept design schemes oriented to product innovation

步骤3：利用6.3节中所提出的基于粗糙集理论的创新性评估方法，首先将由 AHP 比较矩阵所得数据转化为粗糙群决策矩阵；其次计算该矩阵元素的粗糙数和粗糙边界区间，并构建粗糙成对比较矩阵；再求解粗糙成对比较矩阵的特征值和特征向量，确定出同类型中各项创新点的创新性。依次之，分别对其余创新类型中的创新点进行定量评估。

步骤4：为满足不同创新主体的创新需求，能够更加准确的对创新产品进行定位，根据创新类型的不同及创新性评估值的高低，对创新点进行重新整合，形成适合其自身的产品创新概念设计优化方案。由于重组规则是根据具体的创新产品及创新主体的特定需求而确定的，本书为了说明该过程，假设产品创新概念设计是为了满足低端客户群体、中端客户群体、高端客户群体的典型客户群体，分别制定了如下的重组规则。

规则1：面向低端客户群体的产品创新概念设计方案。

该优化方案由基本创新和部分具有较高创新性的简单创新组成。主要面向低端客户群体，该群体一般较为重视产品的实用性基础功能，对于产品的创新性要求不高。

规则2：面向中端客户群体的产品创新概念设计方案。

该优化方案由所有重要创新、具有较高创新性的基本创新及简单创新组成。主要面向占有较大市场份额的中端客户群体，该群体除关注产品的实用性基础功能之外，对于产品的创新性也较为重视，希望产品的功能更加丰富、性能更加优良。

规则3：面向高端客户群体的产品创新概念设计方案。

该优化方案由所有关键创新、重要创新和具有较高创新性的基本创新组成，必要时可加入具有较高创新性的简单创新。此类创新产品集高技术、高质量、高性能和高附加值于一体，能够为客户提供领先的服务和体验，为其创造更多的价值。

需要指出的是，上述三个层次的产品创新概念设计方案，主要是面向低端客户群体、中端客户群体以及高端客户群体而形成的产品创新概念设计优化方案，是根据面向典型客户群体的重组规则而形成的优化方案。由于分角色创新的创新需求与细分市场具有很大差异性，因此，不同的创新主体可以根据实际情况，在对细分市场深入调研以及对自身创新角色准确定位的基础上，从备选创新点集合中选取自身需要的创新点，从而形成适应不同创新主体的具有针对性的产品创新概念设计方案。

6.5 案例研究

为验证所提出的基于智能重组的概念设计方案优化方法，以某型号滚筒洗衣机的协同创新方案优化为例进行研究，限于篇幅，仅给出其中的重要步骤和计算结果。

6.5.1 构建备选创新点的集合

本次协同创新任务共有5位创新主体参加。首先，5位创新主体对概念设计方案进行分析，形成备选创新点的集合，该集合共包含20项创新点，见表6.1。

表6.1 备选创新点的集合

Table 6.1 A collection of alternative innovation points

序号	备选创新点	说明
1	增加离子水发生器	在电场的作用下利用离子水清除衣物上的污垢，在洗涤中不用或少用洗衣粉
2	增加光动银离子发射器	普通银离子经过照射催化及一系列的化学变化，对附着在衣物上的细菌和真菌具有更强的杀灭能力
3	实现自动洁桶功能	无须人为操作，实现对内桶的自动清洁及杀菌
4	增加实时监控系统	实时反馈温度、转速、噪声、水量等信息
5	采用陀飞轮平衡环技术	打破传统的配重块防震模式，保证实时稳固
6	采用新的防腐蚀处理技术	对易腐蚀的关键部件，增强防腐蚀性

续表

序号	备选创新点	说明
7	采用洗涤微球	可以在少量水的作用下有效地吸附去除衣物上的污垢
8	采用最新的变频技术	保证精确控制，节能静音，降低辐射
9	增加洁桶提示功能	提醒用户进行清洁
10	延长预约时间	实现超过24小时的预约时间，满足用户的差异性需求
11	配置触摸式智能一体化控制面板	实现用户操作控制的更高效、更便捷，升级用户体验
12	实现智能消毒功能	识别常用衣物，添加不同消毒剂的种类及用量
13	研发语音识别控制系统	实现程序及指令操作的语音识别及精准控制
14	采用新型抑菌材料	内外桶均采用新型材料，增强抑菌抗菌功效，实现健康洗涤
15	增加泡沫发生器	提高洗衣剂的溶解速度
16	采用智能变温烘干技术	将温度控制在65～85℃之间，达到健康除菌的效果
17	超大视窗设计	用户可以更加方便地了解衣物在机内的舒展状态
18	增加滚筒倾斜角度的可调装置	用户可根据自身需求调整滚筒倾斜角度，更加符合人因工程学
19	全方位智能传感控制	根据衣物类型及重量的不同，自动配比水量和控制衣物平衡
20	实现洗涤程序的触控式控制	采用触摸式拖拽操作，对预设的程序单元模块进行自由组合及参数设定，使得操作更加直观、更加简易

6.5.2 创新类型的确定

按照第6.2节中所提出的创新类型的分类方法，创新主体分别对其进行最初识别，并将其按照基本创新"B"、重要创新"I"、关键创新"C"和简单创新"S"进行标记。最后将问卷调查数据进行统计，并利用式（6.1）、式（6.2）分别计算每项创新点的 S_i 值和 D_i 值，具体结果见表6.2。

表6.2　备选创新点的市场满意度预测

Table 6.2　Market satisfaction predict of alternative innovative points

序号	备选创新点	S_i	D_i	创新类型
1	增加离子水发生器	0.61	0.27	C
2	增加光动银离子发射器	0.72	0.31	C
3	实现自动洁桶功能	0.29	0.62	B
4	增加实时监控系统	0.59	0.43	C
5	采用陀飞轮平衡环技术	0.70	0.28	C
6	采用新的防腐蚀处理技术	0.36	0.78	B
7	采用洗涤微球	0.26	0.38	S
8	采用最新的变频技术	0.63	0.71	I
9	增加洁桶提示功能	0.39	0.31	S
10	延长预约时间	0.25	0.11	S
11	配置触摸式智能一体化控制面板	0.55	0.63	I
12	实现智能消毒功能	0.41	0.86	B
13	研发语音识别控制系统	0.64	0.40	C
14	采用新型抑菌材料	0.34	0.77	B
15	增加泡沫发生器	0.39	0.43	S
16	采用智能变温烘干技术	0.71	0.69	I
17	超大视窗设计	0.15	0.27	S
18	增加滚筒倾斜角度的可调装置	0.53	0.82	I
19	全方位智能传感控制	0.69	0.76	I
20	实现洗涤程序的触控式控制	0.51	0.59	I

选取 $k = 0.5$，根据表6.2中备选创新点的市场满意度预测值，可进一步绘制出创新点的分布示意图，如图6.6所示。

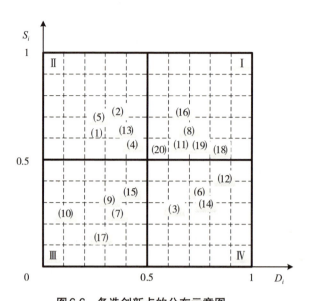

图6.6 备选创新点的分布示意图

Fig. 6.6 Distribution map of alternative innovative points

由图6.6直观反映出创新类型的分布结果，从而判断备选集合中所有创新点的所属类型，具体见表6.3。其中包括：备选创新点集合中包括"基本创新（第Ⅳ象限）"4项、"重要创新（第Ⅰ象限）"6项、"关键创新（第Ⅱ象限）"5项及"简单创新（第Ⅲ象限）"5项。

6.5.3 创新性的定量评估

以"基本创新"为例，说明创新性定量评估的具体计算过程。

如图6.6所示，"基本创新"类型中共包括4项创新点：

分别为采用新的防腐蚀处理技术、实现智能消毒功能、采用新型抑菌材料、实现自动洁桶功能。

① 分别由5位创新主体进行评判，可获得5个AHP成对比较矩阵：

$$A_1 = \begin{pmatrix} 1 & 2 & 3 & 5 \\ \dfrac{1}{2} & 1 & 2 & 3 \\ \dfrac{1}{3} & \dfrac{1}{2} & 1 & 2 \\ \dfrac{1}{5} & \dfrac{1}{3} & \dfrac{1}{2} & 1 \end{pmatrix} \qquad A_2 = \begin{pmatrix} 1 & 3 & 4 & 6 \\ \dfrac{1}{3} & 1 & 3 & 2 \\ \dfrac{1}{4} & \dfrac{1}{3} & 1 & 3 \\ \dfrac{1}{6} & \dfrac{1}{2} & \dfrac{1}{3} & 1 \end{pmatrix}$$

$$A_3 = \begin{pmatrix} 1 & 2 & 3 & 4 \\ \dfrac{1}{2} & 1 & 2 & 4 \\ \dfrac{1}{3} & \dfrac{1}{2} & 1 & 3 \\ \dfrac{1}{4} & \dfrac{1}{4} & \dfrac{1}{3} & 1 \end{pmatrix} \qquad A_4 = \begin{pmatrix} 1 & 4 & 5 & 7 \\ \dfrac{1}{4} & 1 & 2 & 3 \\ \dfrac{1}{5} & \dfrac{1}{2} & 1 & 3 \\ \dfrac{1}{7} & \dfrac{1}{3} & \dfrac{1}{3} & 1 \end{pmatrix}$$

$$A_5 = \begin{pmatrix} 1 & 3 & 2 & 3 \\ \dfrac{1}{3} & 1 & 2 & 2 \\ \dfrac{1}{2} & \dfrac{1}{2} & 1 & 2 \\ \dfrac{1}{3} & \dfrac{1}{2} & \dfrac{1}{2} & 1 \end{pmatrix}$$

分别求得最大特征值为：

$$\lambda_{\max}(A_1) = 4.0145，\quad \lambda_{\max}(A_2) = 4.2199$$

$$\lambda_{\max}(A_3) = 4.0875，\quad \lambda_{\max}(A_4) = 4.0992$$

$$\lambda_{\max}(A_5) = 4.1431$$

利用公式 $CI = (\lambda_{\max} - m)/(m-1)$ 和 $CR = CI/RI$ 进行一致性判断：

$$CR_1 = 0.005，\quad CR_2 = 0.082，\quad CR_3 = 0.033，\quad CR_4 = 0.037，\quad CR_5 = 0.053，$$

则可求出 $CR < 0.01$，即满足一致性要求。

② 利用式（6.11），将上述 5 个矩阵转化成粗糙群决策矩阵的形式：

$$A^* = \begin{pmatrix} 1,1,1,1,1 & 2,3,2,4,3 & 3,4,3,5,2 & 5,6,4,7,3 \\ \dfrac{1}{2},\dfrac{1}{3},\dfrac{1}{2},\dfrac{1}{4},\dfrac{1}{3} & 1,1,1,1,1 & 2,3,2,2,2 & 3,2,4,3,2 \\ \dfrac{1}{3},\dfrac{1}{4},\dfrac{1}{3},\dfrac{1}{5},\dfrac{1}{2} & \dfrac{1}{2},\dfrac{1}{3},\dfrac{1}{2},\dfrac{1}{2},\dfrac{1}{2} & 1,1,1,1,1 & 2,3,3,3,2 \\ \dfrac{1}{5},\dfrac{1}{6},\dfrac{1}{4},\dfrac{1}{7},\dfrac{1}{3} & \dfrac{1}{3},\dfrac{1}{2},\dfrac{1}{4},\dfrac{1}{3},\dfrac{1}{2} & \dfrac{1}{2},\dfrac{1}{3},\dfrac{1}{3},\dfrac{1}{3},\dfrac{1}{2} & 1,1,1,1,1 \end{pmatrix}$$

③ 利用式（6.12）~式（6.20），计算粗糙数和平均粗糙区间。以 X_{12}^* 为例，具体计算过程如下：

$X_{12}^* = \{2,3,2,4,3\}$，则

$$\underline{\mathrm{Lim}}\,(2) = \left[R\left(x_{12}^1 \right) + R\left(x_{12}^3 \right) \right]/2 = 2$$

$$\overline{\mathrm{Lim}}\,(2) = \left[R\left(x_{12}^1 \right) + R\left(x_{12}^2 \right) + R\left(x_{12}^3 \right) + R\left(x_{12}^4 \right) + R\left(x_{12}^5 \right) \right]/5 = 2.8$$

则粗糙边界区间为

$$\mathrm{RBND}\,(2) = \overline{\mathrm{Lim}}\,(2) - \underline{\mathrm{Lim}}\,(2) = 0.8$$

即可得粗糙数为

$$\mathrm{RN}\,(2) = \left[\underline{\mathrm{Lim}}\,(2), \overline{\mathrm{Lim}}\,(2) \right] = [\,2.000, 2.800\,]$$

同理，可求出

$$\mathrm{RN}\,(3) = \left[\underline{\mathrm{Lim}}\,(3), \overline{\mathrm{Lim}}\,(3) \right] = [\,2.500, 3.333\,]$$

$$\mathrm{RN}\,(4) = \left[\underline{\mathrm{Lim}}\,(4), \overline{\mathrm{Lim}}\,(4) \right] = [\,2.800, 4.000\,]$$

则 $\mathrm{RN}\,(X_{12}^*) = \{[\,2.000, 2.800\,], [\,2.500, 3.333\,], [\,2.000, 2.800\,], [\,2.800, 4.000\,],$
$[\,2.500, 3.333\,]\}$

则进一步可以求出 X_{12}^* 的平均粗糙区间：

$$\mathrm{RN}\,(X_{12}) = [\,2.360, 3.253\,]$$

同理，可求出矩阵中所有元素的粗糙数和平均粗糙区间。

④ 根据上述计算结果，据式（6.21）构建粗糙成对比较矩阵：

$$X = \begin{pmatrix} [1,1] & [2.360, 3.253] & [2.765, 4.080] & [4.000, 6.000] \\ [0.326, 0.443] & [1,1] & [2.040, 2.360] & [2.360, 3.253] \\ [0.261, 0.391] & [0.440, 0.493] & [1,1] & [2.360, 2.840] \\ [0.167, 0.260] & [0.326, 0.443] & [0.360, 0.440] & [1,1] \end{pmatrix}$$

⑤ 据式（6.22），将上述矩阵 X 分解为粗糙上边界矩阵 X^+ 和粗糙下边界矩阵 X^-，分别为：

$$X^{+} = \begin{pmatrix} 1 & 3.253 & 4.080 & 6.000 \\ 0.443 & 1 & 2.360 & 3.253 \\ 0.391 & 0.493 & 1 & 2.840 \\ 0.260 & 0.443 & 0.440 & 1 \end{pmatrix}$$

$$X^{-} = \begin{pmatrix} 1 & 2.360 & 2.765 & 4.000 \\ 0.326 & 1 & 2.040 & 2.360 \\ 0.261 & 0.440 & 1 & 2.360 \\ 0.167 & 0.326 & 0.360 & 1 \end{pmatrix}$$

⑥ 利用MATlab分别计算其最大特征值与相对应的特征向量，通过计算得：

$$\lambda_{\max}(X^{+}) = 4.6534, \quad W^{+} = (0.8703, 0.3964, 0.2561, 0.1408)^{\mathrm{T}}$$

$$\lambda_{\max}(X^{-}) = 3.7199, \quad W^{-} = (0.8513, 0.4267, 0.2716, 0.1394)^{\mathrm{T}}$$

⑦ 利用式（6.24）进行归一化处理，可得：

$$[f_1^+, f_2^+, f_3^+, f_4^+] = [0.5231, 0.2383, 0.1539, 0.0846]$$

$$[f_1^-, f_2^-, f_3^-, f_4^-] = [0.5040, 0.2526, 0.1608, 0.0825]$$

利用式（6.25）可得到基本创新类型中4项创新点的创新性，具体数值为：

$$[f_1, f_2, f_3, f_4] = [0.5136, 0.2455, 0.1574, 0.0835]$$

同样地，重复以上步骤，可分别求出其他创新类型中创新点的创新性，具体结果见表6.3。

表6.3　创新性的评估结果

Table 6.3　The results of innovation evaluation

指标	备选创新点	评估值	创新性排序
C_1	增加离子水发生器	0.1023	
C_2	增加光动银离子发射器	0.1857	
C_3	配置语音识别控制系统	0.2591	$C_5 > C_3 > C_2 > C_1 > C_4$
C_4	增加实时监控系统	0.0445	
C_5	采用陀飞轮平衡环技术	0.4084	

续表

指标	备选创新点	评估值	创新性排序
S_1	采用洗涤微球	0.0252	$S_5 > S_4 > S_3 > S_2 > S_1$
S_2	超大视窗设计	0.1793	
S_3	增加洁桶提示功能	0.2016	
S_4	延长预约时间	0.2197	
S_5	增加泡沫发生器	0.3742	
I_1	采用智能变温烘干技术	0.2461	$I_2 > I_1 > I_6 > I_5 > I_4 > I_3$
I_2	采用最新的变频技术	0.3213	
I_3	增加滚筒倾斜角度的可调装置	0.0169	
I_4	全方位智能传感控制	0.0187	
I_5	实现洗涤程序的触控式控制	0.1756	
I_6	配置触摸式智能一体化控制面板	0.2214	
B_1	实现智能消毒功能	0.2455	$B_4 > B_1 > B_3 > B_2$
B_2	实现自动洁桶功能	0.0835	
B_3	采用新型抑菌材料	0.1574	
B_4	采用新的防腐蚀处理技术	0.5136	

6.5.4　产品创新概念设计方案的智能重组

根据6.4节所述方法，创新类型评判及创新性评估结果，按照产品创新概念设计是为了满足低端客户群体、中端客户群体、高端客户群体的典型客户群体的重组规则，对创新点进行智能重组以优化产品创新概念设计方案，可形成以下三种典型的优化方案，具体如下。

① 低档产品创新概念设计方案——{B_1、B_2、B_3、B_4、S_4、S_5}。

该方案由基本创新（B）和部分具有较高创新性的简单创新（S）组成，在保证简单实用的基础上，仅增加少量的创新设计以完善基础功能，例如，增强关键部件防腐蚀性；内外桶均采用新型材料，增强抑菌抗菌功效，实现健康洗涤；增加泡沫发生器以提高洗衣剂的溶解速度等。

② 中档产品创新概念设计方案——$\{I_1\text{~}I_4$、I_4、I_5、I_6、B_3、B_4、S_4、$S_5\}$。

该方案由所有重要创新（I）、具有较高创新性的基本创新（B）及简单创新（S）组成。此类创新设计所面向的客户群体，除了产品的基础功能外，更加希望产品的功能更加丰富、性能更加优良，例如，采用智能变温烘干技术，将温度控制在 65～85℃ 之间，达到健康除菌的效果；采用最新的变频技术保证精确控制，节能静音，降低辐射；配置触摸式智能一体化控制面板，实现更加高效便捷的操作控制；采用触摸式拖拽操作，对预设的程序单元模块进行自由组合及参数设定，实现直观、简易操作等创新设计。

③ 高档产品创新概念设计方案——$\{C_1\text{~}C_5$、$I_1\text{~}I_6$、B_3、B_4、S_4、$S_5\}$。

该方案由所有关键创新（C）、重要创新（I）和具有较高创新性的基本创新（B）组成，加入必要的简单创新（B）。此方案除了包含中级创新设计方案外，更为高端客户提供领先的服务和体验。例如，采用陀飞轮平衡环技术，打破传统的配重块防震模式，保证实时稳固；增加离子水发生器，在电场的作用下利用离子水清除衣物上的污垢，在洗涤中不用或少用洗衣粉；语音识别控制系统可实现程序及指令操作的语音识别及精准控制等。高级创新设计方案融合现有的先进技术，进行了更加高端的技术革新，代表了产品创新升级的最高水平。

6.6　本章小结

首先，系统性研究了产品创新的基本类型，从"产品创新水平"与"市场满意度"的相关性出发，将产品创新分为基本创新、重要创新、关键创新与简单创新四大基本类型。其次，提出了由多创新主体共同参与的分类方法，利用市场调研数据对其中的每项创新点进行创新类型确定，以保证协同创新主体能够准确把握不同创新点的创新地位和创新层次。再次，结合创新的基本类型，提出了基于粗糙集理论的创新性定量评估方法，利用粗糙数和粗糙边界区间准确刻画了协同创新过程中多创新主体信息的不确定性及模糊性，对不同创新点的创新程度进行定量化描述。在此基础上，以创新类型为基本出发点，提出了基于智能重组的概念设计方案优化方法，利用不同创新主体的创新知识对可行的产品创新的概念设计方案进行优化，满足了不同创新主体的特定创新需求。最后，通过滚筒洗衣机的创新设计的实例验证了优化方法的可行性与有效性。

第7章 总结与展望

7.1 总结

    概念设计是协同产品创新中是最为活跃、最富于创造性的关键环节，它将不同创新主体的创新知识与创新经验提炼为科学系统的高层次创新思维，并集成多视角的创新理念与多领域的创新方法，以形成具有高度创新性与市场影响力的有序的框架式创新解决方案。协同产品创新中的概念设计为后续的详细设计奠定了坚实基础，有利于提升产品的创新质量与创新效率，增强企业的核心竞争优势，对其开展研究具有重要的理论价值和实践指导意义。目前针对协同产品创新概念设计这一研究课题，相关的系统性研究成果较为缺乏，且缺少有效的工具与方法以解决其中存在的关键技术问题。有鉴于此，本书对协同产品创新中概念设计的过程建模及关键技术进行了深入研究，并将研究成果应用于国家自然科学基金等项目的研究之中。完成的主要工作及取得的研究研究成果如下。

    ① 建立了协同产品创新中概念设计的过程模型，该模型从系统的角度对协同产品创新中概念设计过程进行了逻辑化抽象描述，为后续研究提供了过程范式。

    在系统分析协同创新主体基本类型与协同创新组织基本特征的基础上，研究了协同产品创新中概念设计的基本特征，包括创新性、协同性、复杂性、共享性、层次性等，并建立了协同产品创新中概念设计的基本框架，该框架由基础层、应用层、机制层、行为层以及目标层所构成。在此基础上，提出了协同产品创新中概念设计的过程模型，为后续研究内容奠定了坚实基础。

② 提出了协同产品创新中概念设计的目标体系构建方法，为解决协同创新目标难以准确定位、重要度难以精确衡量的问题提供了一套可行的思路，该方法揭示了协同产品创新中概念设计目标体系的形成机理。

通过系统性研究协同创新主体的"推动型"与"拉动型"创新需求，构建了协同产品创新中概念设计目标体系的基本框架，包括经济性、结构性、环境性、技术性、功能性五个基本维度。在此基础上，提出了协同产品创新中概念设计目标重要度的三阶定量确定方法，第一阶段采用 AHP 与熵值法相结合的主客观综合赋权，确保了创新目标的整体性与创新方向的正确性；第二阶段采用多粒度非平衡性语言决策，保证了多创新主体复杂语言决策信息的一致性与准确性；第三阶段结合市场竞争等影响因素对其进行修订，提升了创新目标重要度的合理性与有效性。

③ 建立了基于 R-A-WNN 的协同产品创新中概念设计的方案评价模型，该模型准确阐述了评价信息之间隐含的内在多元非线性函数关系，为协同产品创新中概念设计方案的科学评价与决策提供了技术支撑。

遵循科学性与系统性相结合、联系性与层次性相适应、目的性与可行性相统一的原则，建立了一套系统性、层次性、合理性的协同产品创新中概念设计方案的评价指标体系。在此基础上，构建了协同产品创新中概念设计方案的 R-A-WNN 评价模型，首先基于粗糙集理论对评价指标和评价数据进行了规范处理及属性约简，进而利用小波神经网络构建出基本网络模型，并通过蚁群算法对关键网络参数进行了同步优化。该模型为概念设计方案的分析决策选择提供了有效的工具。

④ 面向协同产品创新概念设计，分别提出了基于参数驱动与智能重组

的方案优化方法，上述两种方法分别有效解决了产品层关键参数的优化配置问题与功能层创新元素的优化组合问题，为协同产品创新中概念设计方案的优化提供了工具支持。

在对方案参数优化问题进行系统性描述的基础上，提出了基于 QFD 的协同产品创新中概念设计的方案参数优化模型，实现了从创新期望到方案关键参数的优化映射；在研究产品创新基本类型的基础上，提出了基于粗糙集的创新性定量评估方法，进一步提出了基于智能重组的概念设计方案优化方法，实现了设计方案中创新元素的优化组合。

7.2　研究展望

本书对协同产品创新中概念设计过程建模及关键技术进行了探索研究，所提出的模型与方法都在协同产品创新活动中得到了验证。但是由于协同产品创新的概念设计过程涉及协同工程、认知工程、制造工程、系统工程、信息工程、创新学、组织管理学等多学科的理论与方法，还可以从以下几个方面进行完善和进一步的深入研究。

① 协同产品创新中概念设计方案优化的进一步深入研究。概念设计是协同产品创新中是最为活跃、最富于创造性的关键环节，它将不同创新主体的创新知识与创新经验提炼为科学系统的高层次创新思维，并集成多视角的创新理念与多领域的创新方法，以形成框架式创新解决方案，为了能够更好地满足不同创新主体的差异性创新需求，需要在概念设计方案的优化方面进行进一步的深入研究。

② 协同创新主体的心理因素对创新行为的影响机理研究。协同产品创新中的概念设计是由客户、供应商、制造商和科研院校等组成的具有多知识背景、多创新动机的多创新主体共同驱动的创新过程。创新主体在参与协同创新的过程中，会受到情绪等一系列心理因素的影响。因此，协同产

品创新中的概念设计过程中，需要结合组织心理学、行为心理学、创新心理学等相关理论，对影响创新主体的心理因素进行深入研究，以充分利用创新主体的创新知识和创新经验，提高创新效率。

③ 协同产品创新中概念设计的辅助支持平台的研究。协同产品创新中的概念设计是产品创新思维形成的核心阶段，需要进一步研究并构建网络化与信息化的协同创新平台，包括创新主体之间的协同机制、创新知识与创新经验的描述与转换、创新工具的共享模式、设计方法的有机集成等。

总之，随着协同产品创新中概念设计的研究深入，协同产品创新中概念设计的基础理论及其关键技术会逐步完善，并为协同产品创新的理论体系提供理论支撑与工具支持，进一步提高协同产品创新的效率，带来更加明显经济效益与社会效益，驱动科技创新，推动社会发展。

参考文献

[1] http://www.gov.cn/2011lh/content_1825838.htm.

[2] KAMEL N N, DAVISON R M. Applying CSCW technology to overcome traditional barri-
     ers in group interactions[J]. Information & management, 1998, 11(34): 209−219.

[3] GRUDIN J. Computer−supported cooperative work: Its history and participation [J]. IEEE
     Computer, 1994, 27(5): 19−26.

[4] ALI YASSINE, NITIN JOGLEKAR, DAN BRAHA, et al. Information hiding in product
     development: the design effect[J]. Research in Engineering Design, 2003,14(3): 145−161.

[5] 宛西原. 产品网络化协同开发系统的工作模式及过程控制研究[D]. 重庆: 重庆大学,
     2004.

[6] 侯鸿翔. 基于产品系统的协同产品开发研究[D]. 天津: 天津大学, 2003.

[7] 薛立华. 机械产品概念设计方案生成及评价方法研究[D]. 大连: 大连理工大学,
     2007.

[8] FOX J L. ANGLIM J. WILSON J R. Mental models.team mental models.and performance:
     process development and future directions[J]. Human Factors and Ergonomics in Manu-
     facturing, 2007, 14 (4):331−352.

[9] HIPPEL E V. Lead Users: A Source of Novel Product Concepts[J]. Management Science,
     1986, 32 (7):791−805.

[10] THOMKE S, HIPPEL E V. Customers as innovators:a new way to create value[J].
     Harvard Business Review, 2002, 80 (4):74−81.

[11] JEPPESENL B, MOLIN M J. Consumers as Co−developers: Learning and Innovation Out-
     side the Firm[J]. Technology Analysis and Strategic Management, 2003,15(3): 63−84.

[12] FRANKE N, PILLER F. Value creation by toolkits for user innovation and design: the case of the watch market [J] . Journal o f Product Innovation, 2004, 21(6): 401-415.

[13] LÜTHJE C, HERSTATT, E von Hippel. The Dominant Role of Local Information in User Innovation: The Case of Mountain Biking[R]. MIT Sloan School of Management, 2002.

[14] FRANKE N, SHAH S. How Communities Support Innovative Activities: An Exploration of Assistance and Sharing Among End-Users[J]. Research Policy, 200, 32(1): 157-178.

[15] LÜTHJE C. Customers as Co-Inventors: An Empirical Analysis of the Antecedents of Customer-Driven Innovations in the Field of Medical Equipment[C]. In Proceedings of the 32th EMAC Conference, Glasgow. 2003.

[16] http://www.vaillant-group.com.

[17] FRANKE N, E von Hippel. Finding Commercially Attractive User Innovations[R]. MIT Sloan School of Management, 2003.

[18] LÜTHJE C. Characteristics of Innovating Users in a Consumer Goods Field: An Empirical Study of Sport-Related Product Consumers[J]. Technovation, 2004, 24(9): 683-695.

[19] 杨育, 郭波, 尹胜, 等. 客户协同创新的内涵、概念框架及其应用研究[J]. 计算机集成制造系统, 2008, 14 (5): 944-950.

[20] BALDWIN C Y, HIENERTH C, VON HIPPEL E. How user innovations become commercial products: A theoretical investigation and case study[J]. Research Policy, 2006, 35(9): 1291-1313.

[21] http://papers.ssrn.com/sol3/papers.cfm?abstract_id=1502864.

[22] VON HIPPEL E, THOMKE S H, SONNACK M. Creating Breakthroughs at 3M[J]. Harvard Business Review, 1999, 77(5): 47-57.

[23] FLEMING L. Recombinant Uncertainty in Technological Search[J]. Management Science, 2001, 47(1): 117-132.

[24] REICHWALD R, SEIFERT S, WALCHER D, et al. Customers as Part of Value Webs: Towards a Frameworkfor Webbed Customer Innovation Tools[C]. Proceedings of 2004 Hawaii International Conference on Computer Sciences (HICSS), Hawaii, 2004.

[25] LILIEN G L, MORRISON P D, SEARLS K, et al. Performance Assessment of the Lead

User Idea-Generation Process for New Product Development[J]. Management Science, 2002, 48(8): 1042-1059.

[26] GLOOR A P, LAUBACHER R, SCOTT B C, et al. Visualization of Communication Patterns in Collaborative Innovation Networks Analysis of some W3C working groups [C]. Proceedings of ACM CIKM 2003, New Orleans, 2003.

[27] 罗乐, 张晓冬, 李英姿, 等. 面向协同产品开发的设计主体模型及应用[J]. 中国机械工程, 2009, 3(2): 320-326.

[28] 江畅, 邹农基, 罗浪. 基于 KANO 模型的客户参与创新动机及实证分析[J]. 价值工程, 2011, 16: 114-115.

[29] 宋李俊, 周康渠, 何明全, 等. 客户协同创新集成组织模式及运行机制[J]. 重庆工学院学报(社会科学版), 2009, 23(6): 38-42.

[30] 张雪, 张庆普. 客户协同创新协议达成的合作博弈研究[J]. 哈尔滨工业大学学报, 2011, 32(5): 672-677.

[31] 杨育, 梁学栋, 李晓利, 等. 面向客户协同创新实现的风险管理及评价[J]. 计算机集成制造系统, 2010, 16(5): 1020-1025.

[32] 王小磊. 客户协同产品创新中冲突协调与消解的关键技术研究[D]. 重庆: 重庆大学, 2010.

[33] MORRISON P D , ROBERTS J H, MIDGLEY D F. The Nature of Lead Users and Measurement of Leading Edge Status[J]. Research Policy, 2004, 33, (2): 351-362.

[34] ERIC VON HIPPIE. Horizontal innovation networks-by and for users[R]. MIT Sloan School of Management, 2002.

[35] DONNA L H, PRAVEEN K et al. Identifying and Using Emergent Consumers in Developing Radical Innovations[R]. Proceedings of Marketing Science Conference, Erasmus University, 2004.

[36] MORRISON P D, ROBERTS J H, AND MIDGLEY D F. The Nature of Lead Users and Measurement of Leading Edge Status[J]. Research Policy, 2004, 33(2): 351-362.

[37] DAHAN E, HAUSER J R. The Virtual Customer: Communication, conceptualization, and Computation[J]. Journal of Product Innovation management, 2002, 19(5): 332-353.

[38] KOZINETS R V. E-tribalized marketing: The strategic implications of virtual communities of consumption[J]. European Management Journal, 1999, 17(3): 252-264.

[39] MICHAEL G M. Five Styles of Customer Knowledge Management and How Smart Companies Use Them To Create Value[J]. European Management Journal, 2002, 20(5): 459-469.

[40] CHAN T Y, LEE J F. A Comparative Study of Online User Communities Involvement in Product Innovation and Development[C]. Proceedings of 13th International Conference on Management of Technology IAMOT, Washington D.C, 2004.

[41] WELLMAN B, BOASE J, CHEN W. The Networked Nature of Community on and off the Internet[R]. Centre for Urban and Community Studies, University of Toronto, 2002.

[42] 王莉, 方澜, 顾锋. 客户网上参与产品开发的动机研究[J]. 研究与发展管理, 2007, 19(6): 17-23.

[43] 杨洁, 杨育, 王伟立, 等. 基于预处理小波神经网络模型的协同创新客户评价与应用研究[J], 计算机集成制造系统, 2008, 14(5): 882-890.

[44] 杨育, 王小磊, 曾强, 等. 协同产品创新设计优化中的多主体冲突协调研究[J]. 计算机集成制造系统, 2011,17(1):1-9.

[45] LÜTHJE C. Characteristics of innovating users in a consumer goods field: An empirical study of sport- related product consumers[J]. Technovation, 2004, 24(9):683-695.

[46] NUVOLARI A. Collective Invention during the British Industrial Revolution: The Case of the Cornish Pumping Engine[J]. Cambridge Journal of Economics, 2004, 28(3): 347-363.

[47] HARHOFF D, HENKEL J, HIPPEL E V. Profiting from Voluntary Information Spillovers: How Users Benefit by Freely Revealing Their Innovations[J]. Research Policy, 2003, 32(10): 1753-1769.

[48] HENKEL J. Software Development in Embedded Linux: Informal Collaboration of Competing Firms[C].Proceedings der 6.Internationalen Tagung Wirtschaftsinformatik ,Physica, 2003.

[49] MICHAEL G M. Five Styles of Customer Knowledge Management and How Smart Companies Use Them To Create Value[J]. European Management Journal, 2002, 20(5): 459-469.

[50] 宋李俊, 杨洁. 基于协调理论的协同产品创新客户知识集成[J], 科技进步与对策, 2010, 27(2): 127–131.

[51] 杨洁, 杨育, 王伟立, 等. 基于粗糙集的产品协同设计知识推送方法研究[J]. 中国机械工程, 2009, 2(20): 2452–2456.

[52] 王小磊, 杨育, 杨洁, 等. 协同产品创新设计中客户知识的识别与应用[J]. 重庆大学学报(自然科学版), 2010, 33(2): 51–56.

[53] NIKOLAUS FRANKE, HIPPEL E V. Satisfying Heterogeneous User Needs via Innovation Toolkits: The Case of Apache Security Software[J]. Research Policy, 2003, 32(7): 1199–1215.

[54] http://www.zeroprestige.com

[55] JEPPESEN L B, MOLIN M J.Consumers as Co–developers: Learning and Innovation Outside the Firm[J]. Technology Analysis and Strategic Management 2003,15(3): 363–84.

[56] OLSON E L, BAKKE G.Implementing the Lead User Method in a High Technology Firm: A Longitudinal Study of Intentions versus Actions[J]. Journal of Product innovation Management 2001,18(2): 388–395.

[57] 张磊, 王小磊, 李志蜀, 等. 归并请求模式及其在客户协同产品创新平台中的应用[J]. 计算机集成制造系统, 2010, 16(3): 513–520.

[58] 邹灵浩, 郭东明, 高航, 等. 协同产品开发设计成熟度的模糊预测方法[J]. 计算机辅助设计与图形学学报, 2002, 22(5): 791–796.

[59] 杨育. 杨洁. 王小磊, 等. 基于发明问题解决理论的客户协同产品创新设计方法[J]. 计算机集成制造系, 2010, 16(1):8–16.

[60] 唐文献, 李莉敏, 管瑞良. 知识驱动协同创新的产品开发模型[J]. 计算机集成制造系统, 2005, 11(6) : 57–761.

[61] 崔剑, 祁国宁, 纪杨建, 等. 基于客户结构阶层和BP的PLM客户需求[J]. 浙江大学学报(工程科学版), 2008 ,43(3): 528–533.

[62] GUILLERMO C R, STE′PHANE NEGNY. Case–based reasoning and TRIZ: A coupling for innovative conception in Chemical Engineering[J]. Chemical Engineering and Processing, 2009 (48): 239–249.

[63] MADARA O. Conceptual design using axiomatic design in a TRIZ framework[J]. Proce-dia Engineering, 2011(9): 736–744.

[64] LEES B, HMAZA M, IRGENS C. Case–based reasoning support for engineering design. Poreeedings of SPIEC on conference on Intelligent Systems in Design and Manufactur-ing. Boston. USA. 2003, (III): 394–402.

[65] 华中生,顾立白,汪炜.基于TOC与TRIZ的产品概念设计方法及应用[J].计算机集成制造系统, 2006, 12(6) :817–823

[66] 孔凡国, 邹慧君.方案设计两级实例推理过程模型及系统结构的研究[J].机械设计与研究, 1999,15(2):17–20.

[67] 邓琳, 昝昕武,黄茂林, 等.基于需求–功能映射分析的概念设计[J].重庆大学学报, 2002, 25(l2):4–6.

[68] 王清, 赵勇,韩守东.基于案例决策的产品概念设计方法[J].计算机集成制造系统, 2011, 17(6):1121–1127.

[69] 徐泽水, 陈剑.一种基于区间直觉判断矩阵的群决策方法[J].系统工程理论与实践, 2007, (04):126–133.

[70] 刘晓敏, 檀润华, 姚立纲.产品创新概念设计集成过程模型应用研究[J].机械工程学报, 2008, 9(9):154–162.

[71] 李宗斌, 赵丽萍, 凌永祥,等.多色集合的研究及在机械产品概念设计中应用[J].计算机辅助设计与图形学学报, 2002, 14(7): 688–692.

[72] 陈旭玲, 楼佩煌, 唐敦兵,等.概念设计中功能驱动的消化吸收再创新研究[J].计算机集成制造系统, 2009, 15(10):1873–1929.

[73] 曹东兴.基于通口本体的概念设计理论[J].机械工程学报, 2010, 46(17): 124–132.

[74] 龚京忠, 李国喜, 邱静.基于功能–行为–结构的产品概念模块设计研究[J].计算机集成制造系统, 2006, 12(12):1921–1927.

[75] 李长江, 黄克正.基于效应模式库的概念设计研究与实现[J].武汉理工大学学报, 2008, 30(6):115–117.

[76] THURSTON D L, CARNAHAN J V. Fuzzy ratings and utility analysis in preliminary de-sign evaluation of multiple attributes[J]. Journal of Mechanical Design, 1992, 114(4):

648–658.

[77] 徐泽水. 直觉模糊偏好信息下的多属性决策途径[J]. 系统工程理论与实践, 2007, 11: 62–71.

[78] KAWAKAMI H, KATAI O, SWAARAGI T, et al. Knowledge acquisition method for conceptual design based on value engineering and axiomatic design theory[J]. Artificial Intelligence Engineering, 1996, 10(3):187–202.

[79] SUN J, KALENCHUK D K, XUE D, et al. Design candidate identification using network-based fuzzy reasoning[J]. Robotics and Computer Integrated Manufacturing, 2000, 16(5): 383–396.

[80] FRENCH M J. Conceptual Design for Engineers. London[J] . The Design Council, 1985, 5 (3) :279–281.

[81] WITHANAGE C, PARK T, CHOI H. A concept evaluation method for strategic product design with concurrent consideration of future customer requirements[J]. Concurrent Engineering Research and Applications, 2010, 18(4):275–289.

[82] KUSIAK A, WANG J. Decomposition of the Design Process[J]. Journal of Mechanical Design, 1993, 115(4):687–695.

[83] VANEGAS L V, LABIB A W. Application of new fuzzy-weighted average (NFWA) method to engineering design evaluation[J]. International Journal of Production Research, 2001, 39(6):1147–1162.

[84] 李善仓, 李宗斌, 唐凤鸣. 钻铣镗类加工中心的概念设计与方案评估研究[J]. 计算机辅助设计与图形学学报, 2003, 15(4):480–457.

[85] 张建军, 张利, 徐娟,等. 产品概念空间形式化描述与概念设计方案评价方法[J]. 农业机械学报, 2008, 39(3):148–153.

[86] 古莹奎, 杨振宇. 概念设计方案评价的模糊多准则决策模型[J]. 计算机集成制造系统, 2007, 13(8):1504–1510.

[87] 徐泽水. 区间直觉模糊信息的集成方法及其在决策中的应用[J]. 控制与决策, 2007 (2):215–219.

[88] 王娟丽. 基于QFD的概念设计方法研究[D]. 杭州:浙江大学, 2011.

[89] 薛立华. 机械产品概念设计方案生成及评价方法研究[D]. 大连:大连理工大学, 2005.

[90] PUAL G, BEITZ W. Engineering Design[M].London: The Design Couneil, 1984.

[91] FRENCE M J. Conceptual Desing for Engineerings[M]. London: The Desing Couneil, 1985.

[92] HSUW, WOON M Y. Current research in the conceptual design of mechanical Products[J]. Computer Aided Design, 1998, 5(30):377–389.

[93] 邹慧君, 汪利, 王石刚,等.机械产品概念设计及其方法综述[J].机械设计与研究. 1998.14(2):9–12.

[94] 谢友柏. 产品的性能特征与现代设计[J]. 中国机械工程, 2000, 11(1): 26–32.

[95] 檀润华. 发明问题解决理论[M]. 北京:科学出版社,2004.

[96] 邓家提.韩晓建.曾硝等.产品概念设计–理论、方法与技术[M].北京:机械工业出版社,2002.

[97] HIPPEL E V. Democratizing innovation[M]. USA:The MIT Press,2005.

[98] 檀润华.创新设计TRIZ:发明问题解决理论[M].北京:机械工业出版社, 2002.

[99] TATE K, DOMB E. How to Help TRIZ Beginners Succeed[J]. TRIZ Journal, 1997: 2–6.

[100] DENIS CAVALLUCCI, FRANÇOIS ROUSSELOT. An ontology for TRIZ[J]. Procedia Engineering, 2011, 9(9): 251–260.

[101] SRINIVASAN R, KRASLAWSKI A. Application of the TRIZ creativity enhancement approach to design of inherently safer chemical processes[J].Chemical Engineering and Processing. 2006, 45(6): 507–514.

[102] 华中生,汪炜.基于QFD与TRIZ技术工具的产品概念设计方法[J]. 计算机集成制造系统, 2004 , 10(12) : 1588–1593.

[103] SCHAN K R C. Dynamic memory: theory of reminding and learning in computers and people[M] . Cambridge , U K: Cambridge University Press , 1982.

[104] YURI A, ANDRZEJ K. Similarity concept for case–based design in process engineering [J]. Computers and Chemical Engineering. 2006,(30): 548–557.

[105] CHIEH Y T, CHUANG C C. A case–based reasoning system for PCB principal process parameter identification[J]. Expert Systems with Application, 2007, 32(4):1183–1193.

[106] AVRAMENKO Y, KRASLAWSKI A. Similarity concept for case-based design in process engineering[J], Comp. Chem. Eng. 2006, 30(3): 548-557.

[107] 蔡文. 可拓集合和不相容问题[J]. 科学探索学报,1983(1):83-97.

[108] 蔡文,杨春燕,何斌. 可拓逻辑初步[M].北京:科学出版社, 2003.

[109] 钱俊生. 可拓学研究的哲学意义[J]. 哈尔滨工业大学学报, 2006, 38(7):1112-1114.

[110] 汪应洛. 系统工程[M].北京:机械工业出版社, 2003.

[111] 蔡文,杨春燕, 何斌. 可拓学基础理论研究的新进展[J]. 中国工程科学,2003,5(2):80-87.

[112] 周妙群.管理心理学[M].厦门:厦门大学出版社, 2002.

[113] 罗宾斯. 组织行为学[M].北京:中国人民大学出版社,1997.

[114] SAATY T L. Decision-making with the AHP:why is the principal eigenvector necessary [J]. European Journal of Operational Research,2003,145 (1):85-91.

[115] 李朝玲.高齐圣. 质量功能展开中基于二元语义的客户需求重要度的确定[J]. 计算机集成制造系统, 2009.15(6):1202-1206.

[116] ZHANG Z F,CHU X N. Fuzzy group decision-making for multi-format and multi-granularity linguistic judgment s in quality function deployment [J]. Expert Systems with Applications. 2009, 36(5): 9150-9158.

[117] ZHAI L Y,KHOO L P, ZHONG Z W. A rough set enhanced fuzzy approach to quality function deployment [J]. International Journal of Advanced Manufacturing Technology, 2008, 37(5): 613-624.

[118] 邱苑华. 管理决策与应用嫡学[M].北京:机械工业出版社, 2002.

[119] WANG S Y. Constructing the complete linguistic based and gap-oriented quality function deployment [J]. Expert Systems with Applications , 2010, 37(2): 908-912.

[120] HERRERA F. A fuzzy linguistic representation model for computing with words [J]. IEEE Transactions on Fuzzy Systems , 2000 , 8 (6): 746-752.

[121] XU Z SH. An interactive approach to multiple attribute group decision making with multi-granular uncertain linguistic information [J]. Group Decision and Negotiation, 2009, 18(2): 119-145.

[122] 陈岩, 樊治平, 陈侠. 一种基于不同粒度语言判断矩阵的群决策方法[J]. 东北大学学报(自然科学版), 2007, 28 (7) :1057-1060.

[123] LIU Y, FAN Z P. A method for group decision-making based on multi-granularity uncertain linguistic information [J]. Expert Systems with Applications, 2010, 37(5): 4000-4008.

[124] XU Z SH. Multiple attribute decision making based on different types of linguistic information[J]. Journal of Southeast University(English Edition), 2006, 22 (1):134-136.

[125] 杨明顺, 林志航. QFD中顾客需求重要度确定的一种方法[J]. 管理科学学报, 2003, 6 (5): 65-71.

[126] SHAN F, LI D. Decision support for fuzzy comprehensive evaluation of urban development[J]. Fuzzy Sets and Systems, 1999,105(1): 1-12.

[127] 丁斌, 李伟. 基于模糊数学的咨询业服务质量评价模型[J]. 科技管理研究, 2009,12 (1): 68-70.

[128] 李彩娟, 李春华, 王丽君. 模糊决策在服务质量评价中的应用[J]. 河北建筑工程学院学报, 2003, 21(2):55-59.

[129] 熊德国, 鲜学福. 模糊综合评价方法的改进[J]. 重庆大学学报(自然科学版), 2003, 26(6): 93-95.

[130] WEDLEY W C. Consistency prediction for Incomplete AHP Matrices[J]. Mathematical and Computer Modeling, 1993, 17(4-5): 151-162.

[131] SAATY T L. An exposition of the AHP in reply to the paper remarks on the Analytic Hierarchy Process[J]. MGMT SCI, 1990, 36(3): 259-268.

[132] DYER J S. Remarks on the Analytic Hierarchy Process[J]. MGMT SCI. 1990, 36(3): 249-258.

[133] 袁嘉祖. 灰色系统理论及其应用[M].北京:科学出版社, 1990.

[134] 李中凯, 谭建荣, 冯毅雄, 等.基于灰色系统理论的质量屋中动态需求的分析与预测[J]. 计算机集成制造系统, 2009 ,15(11): 2272-2279.

[135] 张大海, 江世芳, 史开泉. 灰色预测公式的理论缺陷及改进[J] . 系统工程理论与实践, 2002 , 22(8) : 140-142 .

[136] 杨公仆,夏大尉.产业经济学教程(修订版)[M].上海:上海财经大学出版社, 2002.

[137] 王国胤, 姚一豫,于洪.粗糙集理论与应用研究综述[J].计算机学报, 2009, 32(7): 1229-1246.

[138] 张文修,吴伟志, 梁吉业,等.粗糙集理论与方法[M].北京:科学出版社, 2001.

[139] MOU S S, GAO H J, JAMES L et al . A new criterion of delay-dependent asymptotic stability for hopfield neural networks with time delay[J] . IEEE Transactions on Neural Networks, 2008, 19 (3) : 532-535.

[140] 杨洁,杨育,王伟立,等.基于预处理小波神经网络模型的协同创新客户评价与应用研究[J].计算机集成制造系统, 2008, 14(5):882-890.

[141] DORIGO M,MANIEZZO V,COLORNI A. The ant system:Optimization by a colony of cooperation agent[J] . IEEE transaction on System, 1996, 26(1):1-26.

[142] 陈峻,沈洁,秦玲.蚁群算法进行连续参数优化的新途径[J].系统工程理论与实践, 2003, 23(3):48-53.

[143] AKAO Y. Quality function deployment: Integration customer requirements into product design[M]. Cambridge: Spinger, 1990.

[144] AKAO Y. New product development and quality assurance-quality development system[J]. Standardization and Quality Control, 1972, 25(4):7-14.

[145] AKAO Y, MAZUR G H. The leading edge in QFD: past, present and future[J]. International Journal of Quality and Reliability Management, 2003, 20(1):20-35.

[146] BERGQUIST K, ABEYSEKERA J. Quality function deployment(QFD)- A Means for developing usable products[J]. International Journal of Industrial Ergonomics, 1996,18(4): 269-275.

[147] CHEN L H. An evaluation approach to engineering design in QFD processes using fuzzy goal programming models[J]. European Journal of Operational Research, 2006, 172(1): 230-248.

[148] LAI X, XIE M, TAN K C. Dynamic Programming for QFD optimization[J]. Quality and Reliability Engineering International, 2005, 21(8):769-780.

[149] CHEN L H, WENG M C. An evaluation approach to engineering design in QFD processes

using fuzzy goal programming models[J]. European Journal of Operational Research, 2006, 172 (1): 230-248.

[150] DELGADO M, VILA M A, VOXMAN W. On a canonical representation of fuzzy numbers[J]. Fuzzy Sets and Systems,1998, 93 (1):125-135.

[151] 刘飞, 张晓东, 等. 制造系统工程[M].北京:国防工业出版社, 2000.

[152] 梁保松, 曹殿立. 模糊数学及其应用 [M]. 北京:科学技术出版社, 2008.

[153] 谢季坚, 刘承平. 模糊数方法及其应用[M].武汉:华中理工大学出版社, 2000.

[154] 胡宝清. 模糊理论基础[M]. 武昌:武汉大学出版社, 2004.

[155] TANAKA H. Linear Regression Analysis with Fuzzy Model [J]. IEEE Transactions on System, Man and cybernetics, 1982, (6):45-49.

[156] YEN K K, GHOSHRAY S, ROIG G. A linear regression model using triangular fuzzy number coeficients [J]. Fuzzy Sets and Systems, 1999, 106(2): 167-177.

[157] 陈以增, 唐加福, 等. 基于模糊规划的 QFD 系统参数确定方法[J].管理科学学报, 2003, 6(4): 26-29.

[158] TSENG M, JIAO J. Customizability analysis in design of mass customization[J]. Computer Aided Design, 2004, 36 (8): 745-757.

[159] CHEN L, ALEJANDRO R S. Customer-driven product design and evaluation method for collaborative design environments [J]. Journal of Intelligent Manufacturing, 2011, 22(5): 751-764.

[160] KZKANB Y, ZKAN G, FEYZIOGLUO. Group decision making better respond customer needs in software development [J]. Computers & Industrial Engineering, 2005,48 (2): 427-441.

[161] SOBIESKI I P, KROO I M. Collaborative optimization using response surface estimation [J]. AIAA Journal, 2000, 38(10):1931-1938.

[162] OLIVER R L. A Cognitive Model of the Antecedents and Consequences of Satisfaction Decisions[J]. Journal of Marketing Research, 1980, 17(6):460-469.

[163] LADHARI R. The Effect of Consumption Emotions on Satisfaction and Word-of-Mouth Communications[J]. Psychology & Marketing, 2007, 24(12):1085-1108.

[164] WAHYUNINGSIH D. The Relationships among Customer Value, Satisfaction and Behavioural Intentions[J]. Gadjah Mada International Journal of Business, 2005, 7(3):301–323.

[165] GIESE J L, Cote J A. Defining Consumer Satisfaction[J]. Academy of Marketing Science Review, 2000, 2(1):1–24.

[166] KANO N. Attractive Quality and Must Be Quality[J]. The Journal of Japanese Society for Quality Control, 1984,(4): 39–48.

[167] KANO N. Attractive quality creation under globalization[J] .China Quality,2002 (9):32–34.

[168] BURNS D J, Neisner L. Consumer Satisfaction in a Retail Setting: the Contribution of Emotion[J]. International Journal of Retail and Distribution Management, 2006, 34(1):49–66.

[169] BERGER C. Kano's methods for understanding customer–defined quality[J]. Center for Quality Management Journal, 1993, 2(4): 3–36.

[170] MATZL ER K, HINTERHUBER H. How to make product development projects more successful by integrating Kano model of customer satisfaction into quality function deployment [J]. Technovation, 1998, 18 (1): 25–38.

[171] PAWLA K Z. Rough set approach to knowledge based decision support [J]. European Journal of Operational Research, 1997, 99 (1): 48–57.

[172] 印勇.粗糙集理论及其在数据挖掘中的应用[J]. 重庆大学学报, 2004, 27(2): 44–50.

[173] 王国胤,姚一豫,于洪.粗糙集理论与应用研究综述[J].计算机学报.2009, 32(7): 1229–1246.

[174] KARSAK E. Fuzzy multiple objective programming framework to prioritize design requirements in quality function deployment[J]. Computers and Industrial Engineering, 2004, 47(2):149–163.

[175] 刘清. Rouhg集及Ruohg推理[M]. 北京:科学出版社, 2003.

[176] 张文修, 吴伟志, 梁吉业, 等. 粗糙集理论与方法[M].北京:科学出版社, 2001.

后　记

　　2012年是我在重庆大学生活学习的第十年。十年之前，第一次来到重庆这座充满热情与张扬的城市，很欣喜；十年之后，当要离开的时候，心中充满踌躇与不舍。十年之前，第一次进入重大这所洋溢激情与理想的学校，很憧憬；十年之后，当要说再见的时候，只想回头再多看一眼。重庆大学，是我一生中难以忘却的情怀，一辈子永远铭记的母校。

　　值此博士研究生毕业之际，向我最尊敬的杨育教授致以我最崇高的敬意。在博士期间的科研工作与论文撰写过程中，您的严谨细致和循循善诱，教给了我很多终身受益的学识。是您让我知道，语言要有逻辑；是您让我明白，读书要有心法；是您让我领悟，学习要分境界；是您让我掌握，问题要抓矛盾；是您让我顿悟，思考要有深度；是您让我铭记，工作唯有严谨；是您让我深知，管理要靠其方；是您让我懂得，为人要怀坦荡；是您让我感受，宽容需要豁达；是您让我体会，关怀如此细致。门下三年初为徒，格物致知；缘起此生当有幸，俯首甘拜。向我最崇拜的恩师致以我最真诚的敬意！

　　感谢EDRC的刘胜副教授和施宇老师，正是您们坚持不懈的努力奋斗和开拓创新，我们才能拥有如此优越的学习环境和科研条件。

　　感谢杨洁博士、王小磊博士、曾强博士、宋李俊博士、梁学栋博士、赵小华博士、程博博士、张峰博士、刘爱军博士、邢青松博士、王永锋博士、包北方博士，给予我的照顾与帮助，特别感谢杨洁博士和王小磊博士两位师姐在学术领域和工程领域中的传道解惑与指点迷津。

衷心感谢李斐博士在我论文撰写过程中所给予的鼎力支持与莫大慰藉，雪中送炭的温暖让我深感情谊之沉重，感激涕零！

感谢每一位曾经参与过HJ项目的同学，在两年的项目管理与组织工作中，你们给予我很多的理解与支持。在那些朝夕相处的日子里，与你们共同经历着身体上的疲惫、观点上的冲突、思想上的纠结，以及心理上的忐忑与烦躁，并最终分享了成熟与自信、明白了是是与非非、体验了喜悦与满足，甚感欣慰。

感谢我的硕士导师曹华军教授一直以来对我的倾心教诲与关心照顾，同时感谢绿色制造课题组的何彦副教授、李聪波副教授、杜彦斌博士、王秋莲博士、刘笑冬师兄，多年以来对我的关心及帮助，感谢他们在生活和学习中给予我的帮助和鼓励。

特别感谢梁洪君老娘、李怀仁伯伯、李娟老姐一家人这么多年所给予我如家人般的关心和照顾！

在博士研究生即将毕业之际，衷心地感谢我的父亲母亲、外公外婆等至亲，这么多年以来，你们给予了我这人世间最无私最伟大的爱，精神上的鼓励和经济上的支持，是我能够顺利完成本科、硕士及博士阶段学习的最关键保证。这份爱，我将永远铭心刻骨。同时，感谢我的岳父母一家人对我学业上的理解和支持。

在这里，要衷心感谢我的太太马艳丽，在我一无所有的时候，与我相依相伴、同甘共苦，无怨无悔为我付出一切。每当想起她饱含艰辛十月怀胎而我却无法相伴的时候，顿感愧疚。我们给八月份即将出生的孩子取名为马瑾渝，一念缘起于渝，二记重庆十年。我相信，那些曾经共同度过的坎坷和磨难会使我们更加坚强和成熟，我会牢记自己的责任和家人的期望，用自己的力量构筑出美好的未来。

马家齐